地铁工程建设风险与对策

衡 瑜 编著

中国建筑工业出版社

图书在版编目（CIP）数据

地铁工程建设风险与对策 / 衡瑜编著 . — 北京：中国建筑工业出版社，2021.12
ISBN 978-7-112-26850-4

Ⅰ. ①地… Ⅱ. ①衡… Ⅲ. ①地下铁道—工程施工—风险管理—研究 Ⅳ. ① U231

中国版本图书馆 CIP 数据核字（2021）第 247562 号

本书共六章，主要包括：第一章风险概述，重点阐述地铁建设风险的特征以及如何开展风险管理；第二章风险与保险，从保险的角度去理解地铁风险的组成；第三章风险与对策，主要介绍如何有效降低、排除地铁建设风险；第四章地铁施工引起的环境风险，主要阐述地铁施工对周边环境的影响以及相对应的控制方案；第五章地铁保护，主要通过案例介绍地铁保护相关内容；第六章风险预警，通过列表的形式给出各类预警的参考值。

本书可供地铁建设技术、管理人员参考使用。

责任编辑：高悦　万李
责任校对：芦欣甜

地铁工程建设风险与对策
衡　瑜　编著

*

中国建筑工业出版社出版、发行（北京海淀三里河路 9 号）
各地新华书店、建筑书店经销
北京点击世代文化传媒有限公司制版
北京建筑工业印刷厂印刷

*

开本：787 毫米 ×960 毫米　1/16　印张：9¼　字数：128 千字
2021 年 12 月第一版　2021 年 12 月第一次印刷
定价：**38.00** 元
ISBN 978-7-112-26850-4
（38524）

版权所有　翻印必究
如有印装质量问题，可寄本社图书出版中心退换
（邮政编码 100037）

前　言

本书的写作逻辑正如目录所示，在第一章重点阐述了风险的概念、地铁风险的特征以及如何开展风险管理，同时介绍了国内曾经发生的最严重的地铁安全事故。在第二章我们重点阐述了风险与保险的关系，从保险的角度去理解地铁风险的组成及它存在的意义和道理。在第三章阐述了地铁工程的典型结构体系，结构体系的建立是系统工程，向上需要追溯到最基本的力学知识，笔者认为阅读本书的读者基本上已经掌握了一定的力学知识和结构概念，而地铁工程风险的有效降低、排除和对策，正是基于结构技术的掌握和提升；当然除此之外，还有施工作业本身存在的风险与应对措施，在第三章的第六节介绍了危险性较大的分部分项工程（以下简称"危大工程"）的安全管理规定和范围。那么在第四章，主要阐述的是地铁施工对周边环境造成的影响，通过具体工程案例，对工程风险进行了分析，介绍了风险控制方案。而在第五章，主要通过案例分析的方式讲述了地铁保护相关内容，即周边活动是如何影响地铁安全的。第六章主要阐述地铁工程监测预警的分类等级和管理手段。

除了本书目录所示的地铁工程风险外，本书的逻辑还基于另外一个方面，那就是前三章的内容主要目的在于不伤害自己，第四章的目的在于不伤害别人，第五章是保证别人不伤害自己，笔者写本书的目的是让更多的从业者看到，进而使大家都不要受到伤害。我想，这也是安全"四不伤害"的要义吧。

  本书在编写过程中，得到了江苏省无锡市气象局、浙江省金华市太平洋保险公司、中国中铁四局集团有限公司的大力支持，得到了同济大学刘学增博士、无锡地铁集团有限公司的同事以及江苏省交通规划设计院（现华设集团）的老同事们的热情帮助，在此表示深深的谢意。最后感谢我的家人，让我有足够的时间来完成本书的编写。

  因笔者能力有限，本书不可避免地存在着这样或者那样的问题和漏洞，恳请读者批评指正。

目录

第一章 风险概述 ... 001
第一节 总论 ... 001
第二节 地铁工程风险的特点 ... 002
一、地铁自身的风险比较高 ... 003
二、面临复杂的周边环境风险 ... 004
三、风险管理机制的不完善 ... 004
第三节 风险管理 ... 005
一、规划阶段建设风险管理 ... 005
二、可行性研究阶段建设风险管理 ... 006
三、勘察与设计阶段建设风险管理 ... 007
四、招标投标与合同阶段建设风险管理 ... 008
五、施工阶段建设风险管理 ... 008
第四节 案例分析 ... 010
一、工程概况 ... 010
二、施工情况 ... 011
三、事故经过 ... 012
四、事故原因 ... 013
第五节 小结 ... 016

第二章 风险与保险 ... 018
第一节 自然灾害风险 ... 019
一、台风 ... 019
二、地震 ... 020
三、暴雨、洪水 ... 021
四、雷电 ... 022
第二节 不良地质条件 ... 023
一、不良地质条件基本概念 ... 023
二、重要地质参数 ... 024
第三节 保险的作用 ... 025
一、保险理赔 ... 025
二、保险服务 ... 026
三、增值服务 ... 027

第三章 风险与对策 ... 029
第一节 基坑工程 ... 029
一、施工工法选择 ... 029
二、围护结构选择 ... 030
三、支撑系统 ... 031
四、地下水控制措施 ... 033
五、地基处理 ... 034
六、基坑失稳的主要表现形式 ... 034
七、土方开挖风险 ... 035
第二节 区间隧道工程 ... 036
一、施工工法选择 ... 036
二、施工风险的表现形式 ... 040
三、盾构机选型 ... 040

　　　　四、盾构进出洞加固措施　　　　　　　　　　043
　　　　五、联络通道施工工法　　　　　　　　　　　044
　　　　六、盾构施工风险　　　　　　　　　　　　　044
　　第三节　高架工程　　　　　　　　　　　　　　　046
　　　　一、国内轨道交通桥梁形式　　　　　　　　　046
　　　　二、上部结构形式　　　　　　　　　　　　　048
　　　　三、上跨节点桥方案　　　　　　　　　　　　053
　　第四节　民建工程　　　　　　　　　　　　　　　057
　　　　一、火情概况　　　　　　　　　　　　　　　057
　　　　二、火情处理过程　　　　　　　　　　　　　058
　　　　三、火情产生的原因分析　　　　　　　　　　059
　　　　四、反思　　　　　　　　　　　　　　　　　059
　　第五节　施工作业　　　　　　　　　　　　　　　060
　　　　一、高空作业　　　　　　　　　　　　　　　060
　　　　二、临时用电　　　　　　　　　　　　　　　070
　　　　三、设备吊装　　　　　　　　　　　　　　　076
　　　　四、火灾爆炸　　　　　　　　　　　　　　　080
　　第六节　危大工程　　　　　　　　　　　　　　　083
　　　　一、危大工程范围　　　　　　　　　　　　　083
　　　　二、超过一定规模的危大工程范围　　　　　　085

第四章　地铁施工引起的环境风险　　　　　　　　087
第一节　影响形式　　　　　　　　　　　　　　　　087
第二节　风险分析　　　　　　　　　　　　　　　　089
　　　　一、工程概述　　　　　　　　　　　　　　　089
　　　　二、工程风险控制难点　　　　　　　　　　　090
　　　　三、风险控制方案　　　　　　　　　　　　　093

  四、项目实施情况 099
 第三节 容易忽略的情况 099
  一、同步注浆 099
  二、端头井监测不实 100
  三、杂散电流 100

第五章 地铁保护 101
 第一节 地铁保护现状 101
 第二节 周边活动对地铁的破坏方式 103
 第三节 案例分析 104
  一、堆载造成地铁病害 104
  二、静压桩造成地铁病害 107
  三、盾构施工对地铁既有线路影响分析 114

第六章 风险预警 121
 第一节 监测预警 121
 第二节 巡视预警 124
 第三节 综合预警 127
 第四节 预警响应 128
 第五节 消警处理 130

附录 A 施工阶段工程风险分级清单 132
附录 B LEC 法风险分级清单 134
附录 C 某地铁 3 号线盾构施工筹划图 138
参考文献 139

第一章　风险概述

第一节　总论

关于风险，不同行业的理解是不一样的。即使本书中，设计、施工、保险对风险的理解也是不一样的，这加大了风险管理的难度。为方便理解，我们分三个层次讲述危险、风险、隐患之间的关系。

第一层次，我们先了解常识中的危险、风险和隐患。一般人的概念中，危险是指材料、物品、系统、工艺过程、设施或场所对人发生的不期望的后果超过了人们的心理承受能力，比如河边的提示——水深危险，就是提醒人们下河游泳的后果可能是无法承受的；而风险是指某一事件发生的概率和其后果的组合，我们说股市有风险、投资需谨慎，意思是股市存在一定亏损的概率；那么隐患就是在某个条件、事物以及事件中存在的不稳定并且影响到个人或他人安全利益的因素。

第二层次，我们再了解一下安全生产领域，在安全层面重新定义了这三者的关系，引入了危险源的概念。从逻辑上说，因为危险源的存在，可能引起安全风险，如果不及时控制，就会变成事故隐患。双重预防机制管理逻辑如图1-1所示。

第三层次，地铁建设领域对风险的理解主要依据的是《城市轨道交通地下工程建设风险管理规范》GB 50652—2011，通过对风险源（危险源）的技术分析，将风险分为四个等级，并采取相应的措施。那么隐患主要是指在施工过程中的不稳定状态。

本书中所讲的风险，除了保险章节，在大部分情况下，均指狭义的第三层次所定义的风险。

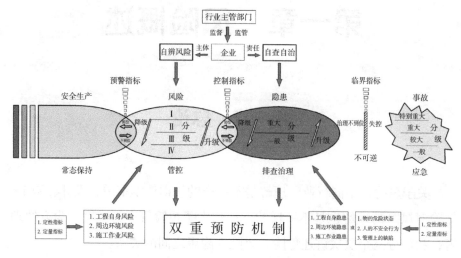

图 1-1　双重预防机制管理逻辑图

第二节　地铁工程风险的特点

我国地铁建设始于1971年的北京地下铁道，一度发展停滞。改革开放后，随着各大城市交通压力不断加大，通过地铁缓解交通压力迫在眉睫。进入21世纪，地铁行业进入了爆发式的发展，截至2019年8月，全国已经有将近40个城市开通地铁，运营里程4600多公里，而在世纪之初的2000年，我国大陆（不含港澳台地区）只有四个城市开通地铁运营。

行业蓬勃发展的同时也带来了一系列的问题，地铁人才一度十分紧缺、各大工程局竞争激烈（造成中标价一降再降）、业主要求的工期普遍比国外少三年甚至更多。2008年，湘湖站事故发生后，王梦恕（已故）院士在地铁业界多个场合呼吁，地铁工程需要合理工期、合理造价、合理方案。在长三角地区，包括业主在内的各参建单位进行了不同程度的反思，绝大多数地铁城市开始自觉抵制最低价中标，加强设计、施工方案策划，进行风险全过程管控。近两年地铁事故为何又频繁发生？除了其他行业大量的工程承包商涉足地铁、配套工程管理人员对地铁风险理解不深之外，笔者认为还有以下几个原因。

一、地铁自身的风险比较高

地铁地下工程的建设主要分两个部分。

第一部分是地铁车站，一般采用明挖法施工，先通过地下连续墙（或钻孔灌注桩、SMW工法桩）施作基坑的围护结构，然后进行基坑开挖，随挖随撑，通过支撑形成多支点弹性梁体系，在挖到坑底后，施作主体结构，这样一个地铁车站就逐步完成了。地铁车站基坑深度一般超过15m，深基坑为高风险工程。在地铁车站施工过程中，最大的风险就是基坑失稳和渗漏引起地层沉降，从而引起基坑坍塌，如果周边有住宅等建筑物，轻则裂缝，重则倒塌。湘湖站事故就是典型的因为钢支撑失效，从而引起围护结构失稳，最终导致基坑坍塌。

第二部分是连接两座车站之间的区间，区间隧道一般采用盾构法或者矿山法施工。在长三角地区，软土广泛分布，一般采用盾构法施工。一些具有岩层或者岩土复合地层的地区，根据工程特点可能会采用矿山法进行施工。矿山法隧道完全靠工人在地下进行开挖和施工，作业条件非常恶劣，而地下建设条件又非常复杂，一旦遇到地质突变和其他特殊情况发生掌子面失稳的情况，能及时采取的应急措施相对有限。区间隧道施工最大的风险主要也是坍塌，比如掌子面坍塌就会引起区间隧道大面积的坍塌，从而引起邻近的道路塌陷、危及邻近建（构）筑物安全。盾构机主机由前方的刀盘及土仓、中部的盾体和端部的盾尾三部分组成，钢制盾体可有效支撑土体，在盾尾壳体内进行隧道管片结构拼装，通过调节土仓内的土仓压力以稳定开挖面，一般情况盾构法相对于矿山法安全性更高。盾构刀盘开挖断面要比隧道管片断面大，两者之间的空隙需采用注浆进行填充，注浆效果受注浆材料、注浆量、注浆压力

地铁工程建设风险与对策

及地层情况等多种因素影响。若开挖断面与管片外轮廓之间的空隙不能得到及时填充或填充不密实则将引起周边土体损失,从而造成邻近地面沉降。

二、面临复杂的周边环境风险

不管是车站还是区间,面临渗透系数高的砂层是最致命的。读者可以夸张地试想,一个建在地下河里的管道,一旦有裂隙,河水很快就会灌满整个管道。建在地下的地铁车站基坑和区间隧道虽没有上面这个比喻那么夸张,但是面临的风险是实际存在的。在施工过程中,一旦工作面涌水涌砂,很快就会造成事故,即使抢险成功,地层上损失的这些泥沙也只能通过周围的土层填充,从而造成上方道路的塌方,形成恐怖的大空洞。

除了地质环境复杂,周边房屋、市政管线、商业开发、水利河道等周边环境也是造成地铁风险的各种因素。

三、风险管理机制的不完善

地铁工程对参建各方都是一种挑战。但是,业主是否认识到选择一个经验丰富的承包商至关重要?低价中标是不是一个最佳的选择?我们的工程工期在合理的范围吗?承包商是否对工程面临的风险点认真进行了风险分析并采取应对措施?承包商是否有足够的经验和技术水平能及时发现地层损失?当发现土方损失后,承包商是否进行了后期补强和加固?这些都是值得深思的问题。

第三节 风险管理

地铁工程建设风险管理工作应贯穿工程建设的全过程，从规划、可行性研究、勘察设计、招标投标与合同签订、施工，直至竣工验收并交付使用，实施全过程、全方位的建设风险管理。

各阶段应有针对性地开展风险管理工作，并采取有效的预防和控制措施，各阶段均必须编制风险评估报告。

一、规划阶段建设风险管理

1. 规划阶段的风险管理一般由业主单位的设计管理部门牵头负责。
2. 规划阶段的建设风险管理应完成下列工作：
（1）编制工程风险识别清单；
（2）分析工程建设中潜在的重大风险因素（一、二级风险）；
（3）评估多种规划方案的建设风险；
（4）提出风险处置方案。
3. 设计管理部门牵头设计单位对工程风险进行梳理，分析工程建设的重大风险因素。对规划方案中存在的重大风险，可采用修改线路方案、重新拟定建设技术方案等风险处置措施。
4. 在规划阶段，还应对下列可能引起重大风险的风险因素进行专项风险分析：
（1）邻近或穿越既有轨道线路（含铁路、高速铁路等）的工程；
（2）邻近或穿越既有建（构）筑物（包括建筑物、道路、重要市政管线、水利设施）的工程；
（3）邻近或穿越有重要保护性的建（构）筑物、古文物或地下障碍物以及沿线及车站附近既有遗留工程的工程；
（4）邻近或穿越既有军事保护区及设施等的工程；

（5）邻近或穿越江河湖海的工程；

（6）影响结构和施工安全的特殊不良地质条件（包括断裂、采空区、地裂缝、岩溶、洞穴等）、有害气体、大范围污染区等。

5.规划阶段的建设风险管理应编制风险评估报告。规划阶段的风险评估报告中应给出规划方案风险清单、不同规划方案风险对比，并应提出重大建设风险的处置措施。

二、可行性研究阶段建设风险管理

1.可行性研究阶段的风险管理一般由业主设计管理部门牵头负责。

2.可行性研究阶段的建设风险管理，应完成下列工作：

（1）地铁工程现场风险调查；

（2）工程可行性方案风险分析评估；

（3）重要、特殊的地下工程结构设计和施工方案的适用性风险分析；

（4）施工及运营期环境影响风险分析；

（5）车辆及机电设备系统选型与配置风险分析；

（6）可行性方案风险综合比选与方案优化，确定推荐方案；

（7）提出风险处置措施，包括工程保险建议方案。

3.可行性研究阶段的现场风险调查，应安排有经验的专业人员进行全线线路和站位的现场踏勘，开展现场风险记录。应调查工程影响范围内的道路、地面建（构）筑物、文物或保护性建筑、地下障碍物、地下构筑物、地下管线、地下水等情况，必要时应进行补充调查或现状安全评估。

4.可行性研究阶段的风险评估，应评估工期风险，并对重大关键节点工程进行专项风险评估。

5.可行性研究阶段的风险评估，应评估线路的运营组织风险，对存车线、渡线等的设置进行风险评估。

6.可行性研究阶段的建设风险管理应编制风险评估报告。风险评估报告中应列明可行性方案风险清单，说明风险评估等级、总体风险评估结果，并应提出重大风险的处置措施。

三、勘察与设计阶段建设风险管理

1. 工程勘察与设计阶段的建设风险管理，实施主要内容应包括工程勘察风险管理、总体设计风险管理、初步设计风险管理、施工图设计风险管理。

2. 风险源的等级划分标准原则上按照《城市轨道交通地下工程建设风险管理规范》GB 50652—2011 执行。除非特别说明，一般情况下，后一阶段不得删除前一阶段的风险源；同一风险源在后一阶段的风险等级不得低于前一阶段的风险等级。

3. 在工程自身风险等级和周边环境影响风险等级的基础上，当遇到以下情况时可进行调整：

（1）当工程地质及水文地质条件复杂时，一般应上调一级；

（2）对保护标准要求高的古建筑物、国家城市标志性建筑等应提高一级；

（3）结合新建轨道交通工程风险因素的识别和深入分析，确有需要调整时。

4. 在初步设计阶段，应编制（三级以上）风险源清单，清单文件应包括风险的名称、发生位置、风险等级、描述、建议控制方案及备注等信息。

5. 在初步设计阶段，应对工程一、二级风险进行风险评估，编制一、二级风险控制专项措施及风险应急处置方案。

6. 在施工图设计阶段，应结合现场调查资料与施工图设计，开展风险管理，主要管理工作应包括：

（1）对环境风险因素进行更进一步的现状调查、检测和评估；

（2）对重大环境影响风险开展工程建设风险专项设计；

(3)结构自身的风险控制措施。

7.在施工图设计阶段,应编制(四级以上)并深化(三级以上)风险源清单,清单文件包括风险的名称、发生位置、风险等级、描述、建议控制方案及备注等信息。

四、招标投标与合同阶段建设风险管理

1.招标投标与合同的风险管理一般由业主合同管理部门牵头负责,建设管理部门予以配合。

2.招标投标与合同的建设风险管理,应完成下列工作:

(1)招标文件中有关风险管理要点编制;

(2)投标文件中相关风险管理评估;

(3)承包合同中明确各方风险管理内容及责任。

3.在编制概算时,应确定建设风险管理的专项费用,做到风险处置措施费专款专用。

4.签订合同文件中,应告知中标单位单独列出工程建设风险管理费用,包括施工安全措施费用等。

5.风险评估报告应包括工程建设风险管理内容、管理费用与管理职责分担,并说明风险保险赔偿要求。

五、施工阶段建设风险管理

1.施工阶段的风险管理一般由业主的建设主管部门牵头负责。

2.施工期风险管理,应完成下列工作:

(1)施工中风险辨识和评估;

(2)施工对邻近建(构)筑物影响风险分析;

(3)施工风险动态跟踪管理;

(4)施工风险预警预报;

(5)施工风险通告;

第一章　风险概述

（6）编制施工图阶段风险评估报告，并应以正式文件发送给参建各方；

（7）现场重大事故上报及处置。

3. 一、二级工程风险应组织专项设计交底，并在设计交底时向施工单位移交施工图阶段形成的风险评估和风险分级清单。对产权单位有特殊要求的环境工程风险，邀请产权单位参加。

4. 对于一、二级风险源，施工单位应编制专项方案，考虑到施工单位现场项目部的技术能力有限，建议由施工单位集团总工程师组织力量进行审批后，方能报监理审批开展后续施工。

5. 对深基坑开挖支护与降水工程、地下暗挖工程、高支模工程以及其他有必要进行专家论证审查的危大工程，施工单位应按照《危险性较大工程安全专项施工方案编制及专家论证审查办法》组织专家论证审查，提出书面论证意见。施工单位应根据审查意见修改完善安全专项施工方案，报监理单位审批后方可正式施工，同时报建设分公司备案。在施工过程中，施工单位应严格按照审查、完善后的安全专项施工方案组织施工。

6. 在盾构机推进过程中，出现非正常停机、直接或间接开仓、盾构机叩头下沉、涌水涌砂、冒顶等情况时，施工单位应第一时间向上报告。

7. 保险主管部门应将保险理赔信息汇总，建立台账。

8. 一旦施工现场发生重大建设风险事故，施工单位应及时上报监理单位、业主单位和相关政府部门，并及时组织人员进行抢险。

9. 应进行系统试运行联合调试风险分析。对轨道、供电、接触网（轨）、信号、通信、车辆、屏蔽门及调度指挥等各系统进行专项风险评估，编写风险记录文件。

10. 运营管理单位组织的联合调试与不载客试运行应严格按照列车运行图进行，针对不同系统进行风险分析，提供系统试运行风险评估报告。

11. 业主的建设管理部门牵头编制施工阶段的建设风险评估报告。风险评估报告应包括施工准备期风险分析与评估、工程施工主要风险分析评估及现场风险记录、工程重大风险规避措施及事故预案、车辆及机电系统安装调试及试运行的风险评估及故障处理记录、其他现场施工风险事故记录等信息。

第四节 案例分析

2008年11月15日15时15分，××地铁1号线××站北2基坑发生基坑坍塌事故，造成21人死亡，4人重伤，20人轻伤，直接经济损失4961万元。

2011年5月19日，浙江省杭州市××区人民法院对该坍塌事故中的8名相关责任人重大责任事故案作出一审判决，认定该8名被告人犯重大责任事故罪，判处3年到6年不等的有期徒刑。

一、工程概况

××地铁1号线××站工程，位于浙江省××市××区××大道与乐园路、湘西路交叉口东北角，工程中标价为3.06亿元。工程合同工期为2007年7月26日至2009年6月30日。因业主征地、拆迁、管线改移等严重滞后的原因，实际正式开工时间为2008年4月初。××站为地铁1号线起始站，其主体结构建筑面积约36082.5m²，为地下两层结构，车站总长约934.5m，标准段宽20.5m，为12m宽岛式站台车站，最大埋深约 17.7m。

二、施工情况

××车站工程按明挖顺作法施工,共分 8 个独立的基坑。其中,北 2 基坑长 106m,标准段宽度 21.5m。围护结构为地下连续墙,墙厚 800mm,深度为 31.5m、34.5m,基坑深度为 15.5m。标准段钢支撑为四层、端头井位置钢支撑为五层;基坑中部沿长度方向(南北方向),设计格构柱和连续钢梁以支撑加固水平钢管支撑。

2008 年 11 月 15 日下午,北 2 基坑第 1 施工段下二层侧墙、柱进行钢筋施工,安排钢筋工 20 人,木工 15 人作业;第 2 施工段已具备浇筑垫层保护层混凝土条件;第 3 施工段进行基坑人工清底,安排杂工 10 人作业,浇筑垫层混凝土的人员正准备下基坑作业;第 4 施工段 7 人在进行接地装置施工,其中,2 名技术人员在现场检查指导;第 5 施工段开挖第五层土方,2 名司机分别驾驶 2 台小型挖掘机在基坑内作业。事故发生前后现场照片如图 1-2 ~ 图 1-4 所示。

图 1-2　事故发生前基坑状况

图 1-3　事故发生后基坑塌陷(一)

图 1-4 事故发生后基坑塌陷（二）

三、事故经过

2008 年 11 月 15 日 15 时 15 分，××地铁 1 号线××车站北 2 基坑西侧××大道路面下沉致使基坑基底失稳，导致西侧连续墙断裂，基坑坍塌，倒塌长度约 75m。东侧河水及西侧××大道下的污水、自来水管破裂后的大量流水立即涌进基坑，积水深达 9m。事发当日，造成 3 人死亡，18 人失踪，24 人受伤。

事故发生后，项目部立即启动应急预案，组织人员、机械将基坑内的施工人员用起重机和运料吊篮紧急吊运出基坑，同时拨打 119、120 等急救电话，将伤员急送医院救治。并立即调两台挖掘机和施工人员，用编织袋装土对东侧流入基坑的河水进行封堵；协助交警对塌陷外的人员、车辆进行疏散，对××大道两端进行封闭。

同时，逐级向企业上级和××地铁集团公司领导上报事故。各级领导接报后，带领相关部门人员分别于 2008 年 11 月 15 日 22 时至 24 时赶到事故现场，组织事故抢险工作。党中央、国务院领导同志高度重视并作出重要批示，要求抓紧搜救失踪人员，全力以赴抢救受伤人员，妥善做好事故善后，查明事故原因，严肃追究事故责任。同时，要加强城建地质勘察工作，防止再次发生塌陷事故。国务院安委会办公室副主任、国家安全生产监督管理总局副局长、国家煤矿安监局局长率相关人员赶赴事故现场，传达中央领导同志重要批示精神，指导事故抢险救援工作。3天之后，国务院向各省、自治区、直辖市及新疆生产建设兵团安全生产委员会、有关中央企业发出通报，认为事故暴露出五个方面的问题：一是企业安全生产责任不落实，管理不到位；二是对发现的事故隐患治理不坚决、不及时、不彻底；三是对施工人员的安全技术培训流于形式，甚至不培训就上岗；四是劳务用工管理不规范，现场管理混乱；五是地方政府有关部门监管不力。

至2009年4月8日，××站坍塌事故的最后4名失踪者遗体已全部找到，经公安部门DNA鉴定确认遇难者的身份后，××市地铁××站坍塌事故现场施救指挥部宣布坍塌事故现场施救工作结束。

四、事故原因

为确保事故原因分析和结论的科学性和客观公正，浙江省事故调查组聘请了省内外各方面专家组成事故原因技术分析小组，对北2基坑施工建设过程中勘探、设计、施工程序，设备材料，土性等要件进行技术分析。经过对××站北2基坑施工现场反复勘察，查阅、分析大量有关技术资料，对相关人员调查取证，并通过一系列探测、检测、试验和验算，形成了《××地铁××站"11·15"基坑坍塌事故技术分析报告》以及《岩土工程勘察调查分析》等9项专项调查分析报告，在此基础上，又专门组织国内相关权威专家，对《××地铁××站"11·15"基坑坍塌事故技术分析报告》进行了评审。

2010年2月10日，浙江省政府向社会发布了《××地铁××站"11·15"坍塌事故调查处理结果通报》，认定"11·15"坍塌事故原因如下。

××地铁××站北2基坑坍塌，是由于参与项目建设及管理的

××股份有限公司所属××集团第六工程有限公司、××设计研究院、××建设工程检测有限公司、××省地矿勘察院、××设计研究总院有限责任公司、××工程项目管理咨询有限公司、××地铁集团有限公司等有关方面工作中存在一些严重缺陷和问题，地铁安全没有得到应有重视和积极防范整改，多方面因素综合作用最终导致了事故的发生，这是一起重大责任事故。

（一）直接原因

施工单位（××集团第六工程有限公司）违规施工、冒险作业、基坑严重超挖；支撑体系存在严重缺陷且钢管支撑架设不及时；垫层未及时浇筑。监测单位（××设计研究院借用××建设工程检测有限公司名义，实为挂靠）施工监测失效，施工单位没有采取有效补救措施。

（二）间接原因

1. 施工方面的原因

（1）没有严格按照设计工况进行土方开挖。由于土方超挖，支撑施加不及时，支撑轴力、地下连续墙的弯矩及剪力大幅度增加，超过围护设计条件。

（2）现场钢支撑安装不规范，活络头节点承载力不满足强度性能要求；钢管支撑与工字钢系梁的连接不满足设计要求，钢立柱之间也未按设计要求设置剪刀撑；部分钢支撑的安装位置与设计要求差异较大；钢支撑与地下连续墙预埋件未进行有效连接，降低了钢管支撑的承载力和支撑体系的总体稳定性。

（3）项目经理部成立后，项目部经理、总工程师随意变动，项目经理长期缺位，事发时项目总工没有工程师职称，不具备任职条件；现场施工员未经资质培训，无施工员资格证；劳务组织管理和现场施工管理混乱，员工安全教育不落实。

（4）不重视安全生产，违章指挥，冒险施工。对监理单位提出的北2基坑底部和基坑端头井部位地下连续墙有侧移现象，以及监测单位不负责任,监测数据失真等重大安全隐患,都未引起重视和采取相应措施。特别是在发现地表沉降及墙体侧向位移均超过设计报警值,以及发现××大道下陷、开裂等严重安全隐患后,仍没有及时采取停工整改等防范事故发生的措施。

2. 设计方面的原因

(1)没有根据当地软土特点综合判断、合理选用基坑围护设计参数,力学参数选用偏高,降低了基坑围护结构体系的安全储备。

(2)北2基坑安全等级为一级,但监测设计方案相对规范减少了周围地下管线位移、土体侧向变形及立柱沉降变形3项必测内容。

(3)设计图纸中未提供钢管支撑与地下连续墙的连接节点详图及钢管节点连接大样,也没有提出相应的施工安装技术要求。

(4)没有坚持原设计方案,擅自同意取消了施工图中的基坑坑底以下3m深土体抽条加固措施,降低了基坑围护结构体系的安全储备。

(5)施工图设计说明要求与施工图标明的参数前后不一致,致使实际施工技术目标与要求存在很大差异。

3. 勘察方面原因

(1)未根据当地软土特点综合判断选用推荐土体力学参数。

(2)推荐的直剪固结快剪指标c(黏聚力)、φ(内摩擦角)值未按规范要求采用标准值。推荐的三轴CU(三轴固结不排水剪)、UU(三轴不固结不排水剪)试验指标、无侧限抗压强度指标,与验证值、类似工程经验值相比差异显著,且各层土的子样数不符合规范要求,不能反映土性的真实情况。

4. 监测方面的原因

(1)监测内容及测点数量不满足规范要求。

(2)部分监测内容的测试方法存在严重缺陷。

(3)提供伪造的监测数据。电脑中的数据与报表中的数据不一致,存在伪造数据或采用对内对外两套数据的现象。

5. 监理方面的原因

（1）未严格按设计及规范要求监理。

（2）未按规定程序验收。

（3）对安全生产违法违规行为制止不力。

6. 其他方面存在的问题

（1）设计、施工、监理、业主单位对项目施工风险认识不足，监管不力。

（2）××地铁集团公司对地铁建设工程安全重视不够，管理不到位。

（3）××市建设主管部门落实《××市地铁建设管理暂行办法》[××市政府第（234）号令]有关"建设行政主管部门应当依法对地铁建设工程进行安全监督"的规定不够到位，对地铁工程建设安全管理存在疏漏，平时检查和隐患排查治理不彻底。

（4）××市建设质量安全监督机构对地铁建设过程中质量安全监督检查和隐患督促整改不到位。

（5）××地铁1号线建设没有严格按照国家发展改革委和省发展改革委批复的要求组织施工。工程前期准备不足，工程建设点多面广，监管力量严重不足，安全管理经验相对缺乏。

如今，每年的11月15日该施工单位都会开展一系列的安全风险教育活动，以警示员工不要忘记风险管理的重要性。并且，公司从技术上对地铁工程进行隐患分析，梳理出3000多条地铁施工隐患，对现场的风险管控起到了非常好的提升作用。

第五节　小结

通过本章，读者可以领会地铁建设领域对风险的定义和理解，并对地铁存在的风险特征有一个粗浅的了解。其中第三节，特别对业主如何进行全过程风险管控进行了详细的分解,随后进行了××站的案例分析。××站事故可以说是国内对地铁风险认知程度进一步加强的分水岭。

地铁风险分析的方法其实主要来源于 LEC 分析法,该方法用与系统风险有关的三种因素指标值的乘积来评价操作人员伤亡风险大小,这三种因素分别是:L(likelihood,事故发生的可能性)、E(exposure,人员暴露于危险环境中的频繁程度)和 C(consequence,一旦发生事故可能造成的后果)。给三种因素的不同等级分别确定不同的分值,再以三个分值的乘积 D(danger,危险性)来评价作业条件危险性的大小。

地铁涉及的运营、资源开发等管理部门可以采取类似的方法进行风险分析。

为方便读者进行感性认识,关于施工阶段工程风险分级、LEC 法风险分级的具体方法可以参见本书附录 A 和附录 B。

第二章 风险与保险

保险的思维方式在于主要从承保的角度去考虑问题,所以保险对于风险的理解与工程界对地铁的风险理解并不一样,本章试图从保险的角度,来阐述地铁风险。

根据地铁的特点和外部环境,与建设期保险相关的风险主要包括八大类,具体见表2-1。

地铁工程风险一览表　　　　　　　　　　表2-1

序号	风险类别	风险项
1	自然灾害风险与不良地质条件	台风
		地震
		暴雨、洪水
		雷电
		不良地质条件
2	土建施工风险	车站施工风险
		区间隧道施工风险
		高架、房建施工风险
		联络通道及泵站施工风险
		机械设备损坏风险
3	机电安装、系统安装与装修风险	
4	试运行风险	
5	施工人员意外伤害风险	
6	火灾、爆炸风险	
7	盗抢风险	
8	第三者责任风险	地面坍塌、沉陷风险
		周边建(构)筑物沉降、开裂风险
		地下市政管网破坏风险

第二章　风险与保险

第一节　自然灾害风险

自然灾害是一种不可抗力，是人类迄今为止尚不能控制、具有一定破坏性的各种自然力量通过非正常的能量释放给人类造成的危害，而我国是世界上自然灾害最严重的国家之一。对自然灾害进行充分认识、理解和积极防御，对地铁风险管理来说非常重要。

一般对地铁具有一定影响的自然灾害主要有：台风、地震、暴雨洪水、雷电、不良地质条件等。关于不良地质对地铁工程的特别影响，将在第二节单独阐述。

一、台风

1. 台风的风险特征

台风其实是大自然的一种自我调节行为，当地球温度过高时，在海水表面温度高于26.5℃的广阔热带洋面，大量的海水蒸发到了空中，形成了一个低气压中心，随着气压变化和地球自身运动，流入的空气旋转起来，就变成了热带气旋，持续的高温让热带气旋越来越强大，最终形成了台风。

台风的危害是显而易见的，台风过境常常伴随着狂风暴雨，引起海面巨浪，摧毁各种建筑设施、庄稼、树木，造成人民生命财产的巨大损失，房屋倒塌、高空坠物还会导致各种二次伤害。

2. 风险防范建议

台风主要对建设过程影响比较大，对建成后的工程影响相对较小。施工场地的临时围挡、工棚等临时设施，易受大风影响。当风灾来临时，应对临时围挡、棚架、广告牌等搭建物进行固定或者清理。还要重点关注脚手架及模板工程，防止受水平风荷载影响出现失稳进而倒塌的情况。

另外，特别要全面检查机械设备的使用情况，塔式起重机、履带式起重机、成槽机、三轴搅拌机等设备设施特别容易发生倾倒事故。塔式起重机的吊臂应能随风转动，回转范围内不得有障碍。

二、地震

1. 地震的风险特征

世界上有三大地震带，其中最大的是环太平洋火山地震带，这条地震带集中了世界 80% 的地震。我国就地处环太平洋地震带和欧亚地震带之间，受太平洋板块、印度板块和菲律宾海板块挤压，地震断裂带十分活跃，1900 年以来，我国死于地震的人数达 55 万之多，超过全球地震死亡人数的半数，并且地震还会造成洪水、山火、泥石流、滑坡等其他灾害。我国的地震主要分布在五个区域：台湾地区、西南地区（云贵川为主）、西北地区、华北地区、东南沿海地区，共 23 个地震带。根据统计，20 世纪以来，我国共发生 6 级以上的地震近 800 次，除贵州、江浙两省和香港外，遍布了其他所有省份。

2. 风险防范建议

国家根据历史数据等因素，编制了《中国地震动参数区划图》GB 18306—2015，结构设计师在进行结构设计时，可以知道设计地区的地震风险情况，从而采取相应的措施。

总体来说，因为地铁大部分是地下工程，故地震对施工完成的地铁结构影响较小，但对尚未形成整体强度的车站、隧道会产生一定的影响。地震引起的液化现象也会造成地下结构开裂或损坏。当地铁采用的是高架线时，影响可能是巨大的。地震可能会导致桥梁结构损坏、桥墩倒塌，甚至因为砂土液化或软土震陷，导致基桩失稳，从而引起整个线路的破坏。

一般在地铁设计的工程可行性研究阶段，都会进行地震安全性评价，以决定该线路是否具备工程上的可行性。在随后的初步设计、施工图设计阶段，结构设计师会根据地震风险情况、结构形式进行抗震设计。

三、暴雨、洪水

1. 暴雨、洪水的风险特征

水是地下工程施工过程中需要注意的主要风险，导致水损的主要原因是暴雨、洪水、地下水和排水系统故障等。暴雨灾害链如图2-1所示。

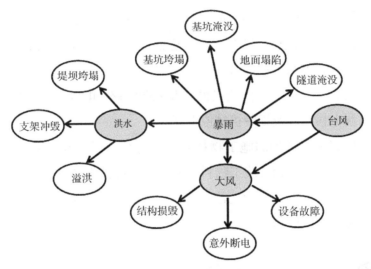

图 2-1 暴雨灾害链示意图

暴雨、洪水灾害对工程的主要影响表现在对明挖法施工的地下车站存在不利影响，可能导致场地被淹没。特别是在土方开挖阶段，暴雨可能造成基坑重大事故。若基坑的排水措施不足，临时便道没有下水管道，雨水就会直接流进基坑内，若排水不及时会使基坑失稳，大面积基坑开挖时，边坡未及时护理，易产生坍塌事故。国内多地轨道交通施工时已多次发生暴雨引发的基坑倒塌事故，造成了极大的社会影响。当基坑开挖到基础底部阶段，基础底板混凝土浇筑过程中，暴雨也会造成一定的损失。同时，雨水亦有可能对施工现场存放的施工物料造成损害。

2. 风险防范建议

（1）加强与当地气象部门联系，了解施工期间天气变化，并制订合理的施工方案，科学安排施工工期，尽量减少开挖裸露时间或避免雨天施工。

（2）及时检查并做好基坑、隧道的疏通排水管道或排水措施的施工。在雨季，应增大排水系统排水能力并增加抽水设备，加强对降水设备的维护修理力量，预备挡水材料，截挡洪涝灾害。

（3）做好基坑防坍塌事故的预防措施，每一层土方施工深度要严格按照施工组织方案进行。同时，每一道钢支撑及时跟上，保证钢支撑焊接质量。此外，需及时护理边坡。

（4）雨天施工要注意作业机械以及照明线路、电气化施工的用电安全，以防漏电伤人以及损毁机械或电器。

（5）做好施工现场的施工物料的隔水防水处理。若未进行预处理，应在遇雨时及时转移相关施工物料，避免施工物料遇水受损。

（6）当不可抗力的风险无法抵御时，永远要把人员生命安全放在第一位，要做到有序撤离。

四、雷电

1. 雷电的风险特征

雷电是积雨云中、云间或云地之间产生的放电现象。其特点是电压高、电流大、能量释放时间短，具有很大的危害性，一般有直接雷击、感应雷击和由架空线引导的侵入雷。

车站工程和地面工艺设施，尤其是施工中的临时设施、起重吊装设备最容易遭受雷击危害，若车站工程和相关工艺设施防雷、防静电接地不合规的情况发生，很容易造成雷击危险，遭受雷击危害，雷击会导致火灾、爆炸等二次事故的发生。可能引起雷击的主要因素如下：

（1）施工现场所设置的防雷、防静电装置的位置、连接方法不正确，造成防雷、防静电效果达不到设计要求；

（2）未设置避雷装置，或避雷装置发生故障或消除静电装置失灵；

（3）防雷、防静电装置采用非良导体材料制造，或年久失修接触不良，造成接地电阻过大，难以起到消除雷电或静电作用。

2. 风险防范建议

工地现场虽有避雷设施，但雷电经高压供电线路引入很难预防，并且磁场的剧烈变化也会给警报监测等弱电系统造成损坏。它既可能导致电气设备损坏、工地停电甚至火灾，又可能造成人身伤害。施工现场大量的机械设备、临时电力设施等都处于露天，高空户外作业普遍，雨季容易受到雷电的影响，须引起重视，采取有效的防雷措施，尤其要注意避免感应雷击，对供电线路与通信线路应采取屏蔽措施，还需特别注意人员的防雷避雷措施。

另外，城市中因为高楼大厦较多，雷电引起的灾害相对较少，应特别注意郊区空旷地带的防雷措施的加强。

第二节　不良地质条件

一、不良地质条件基本概念

工程建设中常见的不良地质条件一般指不良地质作用、特殊性岩土及复杂地层结构、承压水等。地铁安全事故的发生往往与不良地质条件有关，查明不良地质，必要时进行专项勘察，是地质风险控制的前提条件。

1. 不良地质作用

地铁工程建设中常见的不良地质作用有潜在滑裂面、岩溶、采空区、地裂缝、断裂带、有害气体、空洞、水囊等。

2. 特殊性岩土

地铁工程建设中常遇到的特殊性岩土有填土、软土、富水砂层、卵石、孤石、膨胀土、湿陷性黄土等。

3. 复杂地层结构

地铁工程建设中常见的复杂地层结构有复合地层、基岩凸起、风化深槽、隐伏冲沟、暗浜、岩性突变、岩相突变、硬质岩脉、地貌突变等。

4. 承压水

水文地质主要关注承压水，当承压水头过高时，围护结构应加长，切断整个承压水层。

5. 地质风险辨识

遇到不良地质条件时应进行地质风险辨识，根据不良地质引起的类似风险事故、施工方法分析预测可能发生的地质风险。

（1）不良地质易引起明挖施工的地质风险有基坑失稳、局部坍塌、坑底隆起、围护结构变形、地表沉降过大、涌水涌砂、突涌、降水困难、结构上浮等。

（2）不良地质易引起盾构施工的风险有地面坍塌、进出洞坍塌、进出洞突涌、栽头、螺旋输送机喷涌、滞排、中途换刀检修、密封失效、地表过大沉降、掘进受阻、刀盘刀具非正常磨损、偏离轴线等。

（3）不良地质易引起矿山法施工的风险有地面坍塌、冒顶、掌子面坍塌、掌子面突涌、沉降过大、涌水、中毒窒息、爆炸等。

二、重要地质参数

与其他专业不同，比如工业与民用建筑，地质参数比较关键的指标可能是孔隙率、地基承载力，与地铁相关的主要参数是抗剪强度、渗透系数、基床系数等指标。笔者假设读者已经掌握基础的土力学知识，或者可以从其他书籍中找到相关的知识，在此不再赘述。

1. 抗剪强度

土颗粒的滚动、滑动和破碎会引起土体的变形，而土体抵抗变形的能力就是土体的抗剪强度。土体抗剪强度主要有两个非常重要的土体参数来度量，即土颗粒之间的"黏聚力"和抵抗滑移的抗力"内摩擦角"。

抗剪强度低的后果非常严重，特别是放坡开挖的基坑，如果喷锚不到位、放坡坡度不到位或者下雨造成抗剪强度下降，都会造成基坑边坡坍塌。

2. 渗透系数

造成地铁风险巨大的重要原因是"水"，土层中的水的渗透能力由渗透系数表达，又称为水力传导系数。一般情况下，砂层地层的渗透系数相对比较高，所以造成的风险也最大。当出现此情况时，特别要做好围护结构的设计和施工，确保止水效果。

3. 基床系数

工业与民用建筑工程中计算地基承受上部的荷载主要靠地基承载力，而地铁全部埋在地下，所以受力除了下面地基，还有侧面的土压力。所以，地铁结构的受力情况变复杂了。地铁结构设计师一般将土体模拟成弹簧，这就需要一个重要的地质参数即基床系数。

当基床系数较小时，说明土体相对塑性，容易造成结构内力不均衡，产生结构病害。在结构设计时，要注意结构的加强。

第三节　保险的作用

风险这个词最早的概念其实是跟保险相关的，保险最早应用于航海时代，因为航海贸易虽然是暴利，但海上航行特别容易发生安全风险事故，导致血本无归，于是西方发展出与贸易相关的保险体制，通过杠杆平衡利润和风险。

一、保险理赔

保险最基本的功能就是提供保险理赔，我们在前面表格中可以看到，因为地铁的高风险,至少在八个方面容易产生理赔需求。而每一个理赔的金额数量都是惊人的,如果不投保,承包商只要发生一起事故,大概率会导致公司破产清算。

鉴于地铁风险一旦发生理赔金额数量巨大,保险公司一般情况下不会一家独自承接一条地铁建设线路的保险业务,而是联合多家保险公司形成共保体共同承接该线路的保险业务,并且会采取再保险的措施。

二、保险服务

1. 重大自然灾害预警服务

自然灾害(台风、地震、暴雨、雪灾等)是主要致灾因子之一,做好自然灾害预警是防止灾害损失的有效措施。由于保险公司自身具有联网优势,可以提供各类灾害预警信息,开通气象专线服务,利用其与气象部门的专线服务渠道,针对工程项目施工期间的致灾性天气提供预警服务。

大多数保险公司都可以在进入气象灾害预警时,立即通过短信方式通知被保险人,提醒被保险人注意或采取相应的防御措施。

2. 专家访问与保险咨询培训服务

根据工程建设进度,保险公司可以分阶段开展风险管理服务,特别是可以安排专业的风险专家,针对不同阶段的建设施工、现场管理特点,进行风险访问检查,向工程项目组织机构提交专项安全访问报告,提供风险管理建议,以供建设方及施工方参考。

根据类似的保险服务经验,对参保各方进行保险理赔、保险服务专题培训,为承包商及其他可能涉及保险事务的工作人员提供风险管理培训,尤其是保险知识和索赔程序的培训,编制保险服务手册,对需要注意的事项进行详细说明,以便于日常保险工作的开展,提高工作效率和质量。

保险公司可以建立保险工作汇报机制,定期对项目的理赔信息等保险相关的工作情况进行汇总,并即时相互通报,及早发现可能存在的类似风险隐患，避免在后期施工过程中发生同类灾害事故。另外，可以设立专项风险资金，用于工程防灾防损、保险培训等保险服务工作。

3. 防灾防损及日常巡查服务

保险公司还应该根据风险调查的情况，定期或不定期对项目进行现场风险查勘服务工作，通过细致的风险分析、评估，有针对性地提出可操作性强的防灾防损建议，尽力满足相关各方提出的风险管理需求（包括索赔需求），以提高防灾防损的服务质量。

工程风险控制的关键阶段及自然灾害多发季节，要安排专业人员进行施工安全巡查，调查研究防灾安全资料、事故应急预案，重点记录在防火、防自然灾害方面有碍安全的行为和风险隐患。一旦发现，及时提出问题的改进意见、建议，并对事故隐患的整改情况进行跟踪。

三、增值服务

保险公司应该认识到通过事前控制而非索赔服务，才能获得最大的经济利益和社会效益。

1. 培训和咨询

保险公司可以根据业务需求和业主需要，安排地下车站施工、盾构法施工、矿山法施工、高架桥梁施工、机电安装等风险管理专题培训和讲座，提升业主的风险管理水平；可以组织业界资深专家为深基坑施工、穿越敏感点等高风险施工提供安全咨询服务；可以帮助业主评估建设、运营突发事件应急处置预案的合理性、有效性，为业主组织应急演练提供技术支持，并开展相关的培训。

建设的最终目的是要投入运营，保险公司可以更进一步，以地铁全生命周期运营风险管理理念和基于国际标准的地铁风险管理理念为指导，在建设之初就考虑投运后可能面临的各类风险，特别是设备设施方面的风险，从而为地铁运营单位在新线建设之初即建立一套符合国际标准，涵盖建立环境、风险识别、风险分析、风险评价和风险应对的全过程风险管理体系，化被动风险管理为主动风险管理，提前把好设计、土建、设备和运营管理的安全关，从源头上保障新线投运后的长期安全运营。

2. 与承包商共建

与承包商共建，虽然要投入大量的精力，但对于保险公司和承包商来说是双赢。毕竟，加深对承包商的了解，可以及时对承包商的管理漏洞提出建议，而承包商也能从中改善自己的管理，当发生索赔时，也能减少彼此之间的不信任。

当共建效果良好时，双方还可以和周边单位、居民建立良好的沟通机制和应急机制。

第三章 风险与对策

第一节 基坑工程

一、施工工法选择

地铁车站施工方法应根据场地条件、工程地质和水文地质条件、地下管线、环境保护要求、车站功能要求等特点,并综合考虑施工工艺、工期、工程造价、工程质量等各方面因素确定,根据各地地铁建设经验,采用的施工工法有明挖法、盖挖顺作法、盖挖逆作法、暗挖法等,根据施工难度、工期安排、经济造价等,其选择先后顺序:明挖法→盖挖顺作法→盖挖逆作法→暗挖法(图3-1~图3-4)。

图3-1 明挖法施工

图3-2 半盖挖临时路面(一)

图 3-3 半盖挖临时路面（二）

图 3-4 盖挖法施工

单从风险角度衡量，应尽最大可能选择明挖法作为施工工法。

二、围护结构选择

基坑围护结构主要有地下连续墙、钻孔咬合桩、钻孔灌注桩+止水帷幕及 SMW 工法桩等。

每种围护结构有其自身的特点和适用范围，从降低工程风险角度，在选择围护结构时应重点考虑地质条件、地下水处理措施、周边环境保护、基坑深度等。围护结构设计时应遵循"安全、经济、施工简便"的原则。主体围护结构经济技术比较见表 3-1。

主体围护结构经济技术比较表　　表 3-1

围护结构 项目	地下连续墙	钻孔咬合桩	钻孔灌注桩+ 止水帷幕	SMW 工法桩
地层适应性	适用性好	适用性一般	适用性好	适用性好
围护结构效果	围护结构刚度大，变形小，基坑施工对邻近建筑与地下管线影响小	围护结构刚度较大，变形小，基坑施工对邻近建筑与地下管线影响小	围护结构刚度较大，变形较小，基坑施工对邻近建筑与地下管线影响小	围护结构刚度小，变形大，基坑施工对邻近建筑与地下管线有一定影响
防水效果	施工工艺成熟，防水效果较好	桩间咬合，防水效果好	防水效果受止水帷幕的施工质量影响	防水效果一般

续表

项目 \ 围护结构	地下连续墙	钻孔咬合桩	钻孔灌注桩+止水帷幕	SMW工法桩
与永久结构结合情况	可为单层结构亦可与内衬结构墙组成叠合结构亦可复合结构共同受力	桩与内部结构共同承受内部水土压力	桩与内部结构共同承受内部水土压力	临时结构,不能作为永久结构的一部分
一般适用深度	适用基坑深度较大	适用基坑深度较大	适用基坑深度较大	基坑深度不宜大于12m
施工对环境的影响	施工时振动小噪声低,施工产生的泥浆对环境造成一定的污染,且施工场地需要布置大型泥浆池	套筒钻孔桩对环境影响小,干孔作业	施工时振动小噪声低,施工产生的泥浆对环境造成一定的污染,且施工场地需要布置泥浆池	对周围污染小
对机具设备的要求	需要大型挖槽机	需要大型钻机	需要大型钻机	需要大型钻机
施工工艺与难度	工艺成熟,施工难度较小	工艺成熟,施工工艺精度要求较高	工艺成熟,施工难度较小	工艺成熟,施工难度小
围护结构工程造价	高	较高	较高	低

考虑到地铁的高风险性,目前国内的主流做法是主体围护结构采用地下连续墙为主,出入口、风亭基坑采用SMW工法桩。

三、支撑系统

支撑系统由支撑、围檩、立柱三部分组成,围檩和立柱根据基坑规模、变形要求进行设置。

基坑风险事故发生的一个主要表现形式就是支撑失效,在湘湖站事故发生之前,一般设计院在设计时,支撑系统均采用钢支撑。事故发生后,设计人员也进行了反思,发现基坑围护支撑系统的第一道支撑采用混凝土支撑,既抗拉又抗压,能够很好地维持整个多支点弹性梁体系(图3-5)。

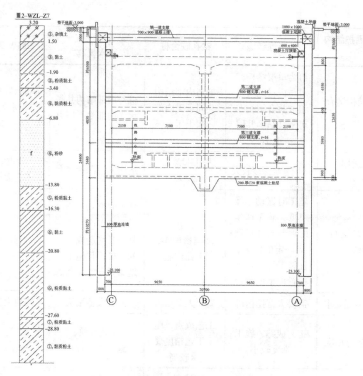

图 3-5 基坑围护结构剖面示意图

地铁工程中一般第一道支撑采用钢筋混凝土支撑,其余采用钢支撑,混凝土支撑水平间距9m,钢支撑水平间距控制在3~6m。基坑角部一般采用角撑、圆撑、桁架形式,特别应注意基坑阳角处的支撑布置,角撑处宜设置抗剪件,确保支撑体系的稳定。基坑位于软土、富水砂层时,基坑阳角处宜采取地层加固措施。

支撑竖向布置主要满足围护结构的稳定和变形要求,同时考虑浇筑主体结构时的换撑措施。支撑竖向间距一般控制在4~6m。为减少基坑在开挖后围护结构的变形,最下一道支撑应尽量落底,但高于底板面0.6m以上,以便于底板施工。

除地下连续墙在支撑处设置暗梁外,其他围护结构的支撑点全部作用在紧贴桩的水平腰梁上,腰梁一般采用工字钢或槽钢背靠背并排制成。

水平支撑体系计算时，将支撑作为支座，腰梁作为连续梁考虑，腰梁现场拼装时应连接成整体。

支撑立柱布置时应避开梁、柱、墙，尽量利用工程桩。立柱通常采用角钢构成的格构柱，便于穿过底板和楼板，进行防水处理。为控制立柱施工风险，应根据计算和试桩情况选择桩长和持力层，施工时控制立柱桩的垂直度不大于1/200，临时立柱垂直度不大于基坑深度的1/300。

四、地下水控制措施

开挖低于地下水位的基坑时，应根据工程地质条件、水文地质条件和工程周边环境条件、开挖范围和深度，并结合基坑支护和基础施工方案，综合分析后确定地下水的控制措施，一般采用集水坑降水、井点降水或两者结合等措施降低地下水位，施工期间应保证地下水位低于开挖底面0.5m以上。当因降水而危及基坑及周边环境安全时，宜采取落底式止水帷幕或回灌措施。采取落底式止水帷幕截水后，基坑中的水量或水压较大时，宜采取基坑内降水。基坑开挖后发现有地下水，应及时排走，采取降水、注浆堵水和基底引排等措施做到基底无水。

地下水主要包含潜水、微承压水及承压水三类。一般情况下，地铁工程通过围护结构截断承压水层，采取内部降水法进行降水。为了降低造价，采取不截断承压水的方法存在着极高的风险，原则上不应采取。当采取该方法时，应进行坑底突涌验算，必要时采取水平封底隔渗以满足抗突涌稳定或设置减压降水井，并一定要做好预警、应急方案。

地铁工程一般采用井点降水，降水设计应取得现场抽水试验数据，从含水层类别、土层渗透系数、基坑涌水量、要求降水深度、工程特点、施工设备条件和施工期限等方面进行技术经济比较，选择适当的井点装置。

为减少施工过程中降水对周边环境的影响，应在降水井与建筑物、管线、路面之间设置回灌井点，补充该处的地下水，使地下水位基本保持不变。

地铁施工一般采用止水帷幕阻断基坑内外水层交流的施工方法。止水帷幕施工风险主要体现在止水帷幕方案选择不当、施工质量达不到设计要求等原因导致止水失效而引发基坑事故。水泥土搅拌桩的有效加固深度一般为20m,大功率多头搅拌机可穿透中密粉土及粉细砂、稍密中粗砂和砾砂,加固深度可达35m。从现场止水效果看,搅拌桩止水效果普遍优于旋喷桩,并且造价低,因此,在现场施工条件满足的情况下优先选择搅拌桩止水帷幕。

五、地基处理

当基坑工程存在下列情况时,应采取适当的地基处理措施:

(1)基坑地基不能满足基坑侧壁稳定要求;

(2)对周围环境的预计影响程度超出有关标准;

(3)现有地基条件不能满足开挖、放坡、底板施工等;

(4)基坑开挖过程中暴露出的质量问题,严重影响基坑施工及基坑安全;

(5)坑底存在管涌、水土流失危险。

基坑地基处理对象为软弱地基土,包括淤泥质土、人工填土、高压缩性土。当基坑底部存在软弱地基,要考虑进行坑底加固处理,根据地层情况,可以采取满堂加固、抽条加固、裙边加抽条加固方式。

六、基坑失稳的主要表现形式

基坑失稳一般表现在围护结构抗倾覆不满足,最终导致围护结构倾覆,钢支撑失效,基坑坍塌,主要的原因有设计时插入比过小、支撑设计安全度低、围护结构施工不到位、钢支撑架设不及时、降雨或水管渗漏、坑底加固失效、支撑脱落等因素。支护结构变形过大引起支撑体系失稳。

为应对基坑失稳,第一道支撑宜采用混凝土支撑,支撑长细比较大时采用格构柱。基坑施工时应先撑后挖,及时安装支撑。根据钢支撑监测、支护结构变形情况及时调整预加力。施工期间不能对支撑施加其他荷载,以免钢支撑侧向失稳。对支撑采取可靠的拉吊措施,防止因支护结构变形和施工撞击引起支撑脱落。

基坑失稳还表现在基坑出现涌水涌砂,造成水土流失,最后基坑坍塌,比较主要的原因有围护结构存在裂隙、承压水应对不力、地层渗透系数高等。当基坑位于砂层、粉砂层、砂质粉土层时,为避免涌水、涌砂、管涌等,应确保止水帷幕的施工质量,及时封堵基坑渗漏水。

基坑失稳还表现在基坑隆起,主要是由于基坑开挖后,上层土体被挖走,下层土体上浮隆起,从而造成基坑破坏。位于软土、粉土,坑底存在承压水、坑内外有水力联系的宽大基坑易发生隆起风险,为应对坑底隆起,可加大支护结构插入深度、进行坑底加固、进行降水井减压、加强地下水位和坑底隆起(回弹)量的监测等。

基坑失稳还表现在基坑突涌,随着基坑开挖深度增大,不透水层厚度减小,当承压水层顶板以上土层的重量不足以抵抗承压水头压力时,开挖面以下的土层破坏,承压水层的水和砂土涌入基坑,发生突涌破坏。应对突涌的主要措施是采用减压降水井降承压水或将止水帷幕加深隔断承压水层。

要应对基坑失稳,需要做好施工工法选择、围护结构选择、支撑系统选择、地下水处理和精细化施工等工作。

七、土方开挖风险

地铁基坑的土方开挖方法主要为两种:分层开挖法和退挖法。分层开挖法如图3-5所示,整个基坑挖一层土架设一道支撑,该方法受力清晰,架设及时,风险小,是理想的开挖方式。

但因为地铁多在城市施工,大多数施工现场不太具备分层开挖的条件,故现场多采用退挖法进行施工(图3-6)。退挖法效率高,但是风险

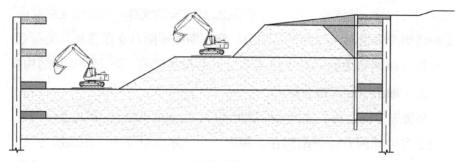

图 3-6 退挖法示意图

比较大,主要体现在:

(1)退挖法存在纵坡,一般施工时图省事,坡比经常不符合要求,边坡失稳现象严重;

(2)架设支撑不及时,因为退挖法施工,挖机现场作业空间有限,总有两三道支撑没有办法及时架设,如果施工单位没有充分利用时空效应及时架设支撑,围护结构容易变形甚至发生事故。

所以在使用退挖法施工时,一定要注意现场实施风险,一般控制纵向开挖坡率不大于1:3,支撑架设应遵循"先撑后挖、限时支撑、严禁超挖"的原则,钢支撑架设完毕并施加预应力后才能进行下层土方开挖。

第二节 区间隧道工程

一、施工工法选择

施工方案对结构形式的确定和土建工程造价有重要影响。施工方法的选定,一方面受沿线工程地质和水文地质条件、环境条件(地面建筑物和地下构筑物的现状、道路宽度、交通状况等)、线路平面位置、隧道埋置深度及开挖宽度等多种因素的制约,同时也会对施工期间的地面交通和城市居民的正常生活、工期、工程的难易程度、城市规划的实施、地下空间的开发利用和运营效果等产生直接影响。

因此，施工方法的确定，必须因地制宜、统筹兼顾，选择技术可靠、水平先进、经济合理的断面形式和施工方法。考虑众多因素的影响，有如下几种基本选择。

（1）明挖法

明挖法主要有敞口明挖和盖挖两大类。明挖施工的特点是可以适用于各种不同的地质情况，减少线路埋深，施工工艺简单，技术成熟，不论是区间结构还是车站结构，都已有大量的工程实例。

地铁区间隧道明挖法一般用于场地较开阔的地段，要求该地段地面建筑和地下管线少，道路交通量小，或有条件进行交通疏解，或结合市政工程的建设进行施工。明挖法施工作业相对简单，施工工期短，造价相对较低。但施工对周边环境、地下管线和交通的影响较大。在地质条件较差、隧道埋深较深的情况下，明挖施工时，基坑围护的造价较高，此时明挖施工的综合造价较高。

（2）矿山法

地铁施工采用的矿山法，是为适应城市浅埋暗挖隧道的需要而发展起来的一种施工方法，也称浅埋暗挖法。目前已在全国各主要城市地铁工程中广泛使用。其断面根据地铁限界要求一般设计为马蹄形断面，采用复合式衬砌。

初期支护一般采用网喷+锚杆+钢格栅的联合支护形式，当地层条件较差时，可增加预注浆或旋喷加固地层、管棚超前支护、降水等工程措施。尽可能限制围岩的松弛变形，以保证洞壁稳定，从而达到控制地表沉降的目的。二次衬砌采用现浇模筑混凝土，根据隧道所穿越的不同地层及埋设深度，分别采用不同的支护形式。

矿山法施工的主要缺点是地表沉降较大且不易控制，对周边的建筑物的安全影响较大，防水效果相对较差。

矿山法适用于隧道埋深较深，地质情况较好，地下水含量小或地下水位较低，无明挖施工条件的地段。矿山法施工对地层变化的适应性强，技术成熟，工法简单，施工对周边环境、地下管线和交通的影响较小。当隧道围岩松散、地下水含量大或地下水位较高时，须采取降水、注浆加固等辅助施工措施。施工所产生的地表沉降量也较大，工期较长，施工的安全性较差，投资的可控性差。

（3）盾构法

盾构法施工即在盾构机钢壳体的保护下，依靠其前部的刀盘或挖掘机开挖地层，并在盾构机壳体内完成出碴、管片拼装、衬砌背后注浆，再向前推进等作业。盾构法施工中采用高精度管片及复合防水密封垫，单层钢筋混凝土管片组成的隧道衬砌可取得良好的防水效果，不需要修筑内衬结构。

该法适用于松软含水地层或城市地下管线密布，施工条件困难的地段，在国内地铁建设中均得到了比较成功的应用。盾构法施工对周围建筑及地面变形控制较好、施工速度快，施工环境好，且随着盾构机制造技术成熟，盾构法隧道的造价已接近甚至已低于矿山法隧道或明挖法隧道。但是由于盾构始发、过站、终到要求车站提供相应的条件，会对车站规模及车站的工期造成影响。

盾构法是一种先进的工法，具有施工进度快，施工环境好，管片精度高，衬砌质量可靠，防水性能好，地表沉降小，占用场地少，无噪声，无振动公害，对地面交通及沿线建筑物，地下管线和居民生活等影响小的优点，但盾构机设备复杂、价格昂贵，在不利的地层条件下，盾构机选型须慎重。另外盾构法不适用于结构尺寸复杂多变的隧道施工，如渡线段、存车线地段等。

在盾构机选型时，须特别注意以下地层：灵敏度高的软弱土质、透水性强的松散土质、高塑性土层、有含水层的地层、含有大砾石的地层、预计有朽木和其他夹杂物的地层、含有软硬两种土质的地层等。

根据以往地铁的建设经验和目前地铁隧道施工的技术水平,三种施工方法各有自己的适用范围和优缺点,分析比较详见表 3-2。

三种施工方法分析比较表　　　　表 3-2

项目\工法	明挖法	矿山法	盾构法
应用情况	多应用于埋深较浅、场地开阔、交通量小、管线改移少、房屋拆迁少,可与市政工程建设相结合的工程	适用于地质情况较好,地下水位低,房屋、管线多,交通疏解难,结构断面复杂多变的工程	多适用于地层单一,房屋、管线多,交通疏解难,对沉降控制要求严格的工程
施工场地要求	需要占用道路,所占用场地面积大	因施工场地集中,占用面积较小	利用已有的空地和征地拆迁,因施工场地集中,占用面积较小
结构形式	单跨或多跨矩形结构	单跨或多跨马蹄形结构	单一的圆形结构
对交通影响	干扰较大	除竖井外,其余均无影响	均无影响
对管线影响	遇管线时一般须改移或悬吊,产生一定费用	有一定影响,有时需采取跟踪注浆等保护措施	影响较小
对环境影响	干扰大	干扰小	干扰小
对邻近建筑物影响	影响大	影响较大	影响最小
施工难度	技术成熟,难度小	技术成熟,难度小	技术成熟,难度较小
施工风险	大	大	小
作业环境	较好	恶劣	好
施工降水	需降水	需降水	不需要降水
结构防水	质量好	质量不易保证	质量好
沉降控制	好	较好	好
施工速度	分段施工,综合速度快	速度较慢	机械化施工,速度快
投资可控性	好	差	好
工程造价	随隧道埋深加大,投资增加	高	较高

二、施工风险的表现形式

明挖法区间隧道的风险表现形式基本与基坑工程类似。

矿山法、盾构法区间隧道的风险表现形式最终是一样的,轻则隧道变形、结构损伤(裂缝、渗漏水),重则隧道坍塌、涌水涌砂、水土流失严重造成上方道路或地面塌陷,盾构隧道还会出现盾构被埋的可能。

矿山法施工常见的风险有隧道塌方、冒顶、涌(突)水等。为避免塌方、冒顶事故,采取超前地质预报,地质异常地段及时调整超前支护、初期支护和开挖方法,稳定掌子面,严格控制开挖进尺,切实做好注浆堵水,防止地下水流失或涌水造成的塌方、冒顶事故。防止隧道涌(突)水的措施主要是超前探水,提前预报,对富水地层超前预加固,采用短台阶环形留核心土开挖等。

三、盾构机选型

根据区间沿线工程环境条件及水文地质条件,区间隧道主要穿越粉土及黏土。盾构常用机型有泥水加压式盾构机、土压平衡式盾构机和复合式盾构机,各有特点。

(1)泥水加压式盾构机

泥水加压式盾构机的工作原理:盾构机将按一定要求配置的膨润土或黏土浆液,通过泥浆泵、输液管以一定的压力从洞外送到开挖工作面,泥浆压力稍高于开挖面土压和水压,泥浆在开挖面上形成不透水的泥膜,通过该泥膜保持水压力,以对抗作用于工作面上的土压力和水压力,使工作面保持稳定;与此同时,刀盘从工作面切削下来的渣土与泥浆混为一体,通过泥浆管送至外地面的泥渣分离场;经分离后的废渣运出工地,分离后的工作泥浆重复循环利用,必要时补充新的泥浆(图3-7)。

泥水加压式盾构机主要针对无黏聚力的含水砂层以及软流塑地层、具有流动性或特别松软的地层,也可以适用于各种软弱地层的施工。

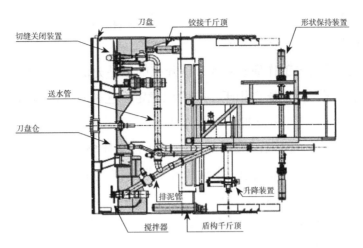

图 3-7 泥水加压式盾构机工作原理图

（2）土压平衡式盾构机

土压平衡式盾构机的工作原理：将开挖的土体进行泥土化处理，工作面的稳定是通过土体自身和由盾构千斤顶压力控制土仓内泥土压力来维持平衡。与泥水加压式盾构机不同的是，切削下来的土渣由螺旋输送机进行排土，土压平衡式盾构机适用于各种土层及这些土层的互层，适用范围广（图3-8）。

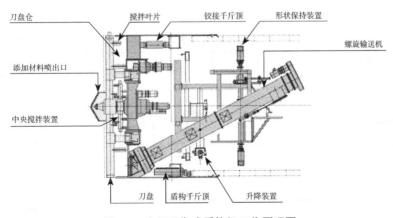

图 3-8 土压平衡式盾构机工作原理图

土压平衡式盾构机分为两种,一种是土压式盾构机,另一种是加泥式土压盾构机。

土压式盾构机工作原理:将刀盘开挖的土砂充满土仓,由盾构机千斤顶推进加压,使土压作用于工作面以稳定。这种盾构机适用于仅需要切刀开挖且含砂量小的塑性流动性软弱土。

盾构机装备有注入添加剂的机构和强力搅拌添加剂及渣土的机构,可以根据不同地层的地质条件,设计和配置不同塑流化改性剂(如泡沫、膨润土、发泡剂等),对渣土进行改良,以促进开挖渣土流动性;极大拓宽了该类机型的施工领域,特别是在砂卵层、残积层地层。

(3)复合式盾构机

复合式盾构机主要针对在同一隧道中,由于地质情况差异很大,地层变化复杂,需要不同类型的盾构机转换,以达到适应不同地层目的的情况。这种盾构机除具备土压平衡式盾构机的一般特性外,还能在岩层中开挖,主要应用于岩石占较大比例的隧道。这种盾构机在广州、深圳等复合地层中均有采用。其特点是:盾构机的刀盘具有较高的耐磨、耐热、高硬度等性能;刀盘类型多,既有可切削硬岩的滚刀,又有可切削土层的切刀等多种刀具,以供优选;施工途中可以在现场更换刀头。

以上三种盾构类型比较见表3-3。

盾构类型比较表　　　　表3-3

项目\机型	土压平衡式盾构机	泥水加压式盾构机	复合式盾构机
适用地层	砂层、各种土层及互层	砂层、软流塑淤泥	土层及岩层
占用场地	4000～5000m²	约1万m²	4000～5000m²
对环境影响	有轻微污染	产生废弃泥浆,有污染	有轻微污染
地表沉降	较小	小	较小
洞内作业环境	较好	好	较好
工程费用	低	高	较高

续表

项目 \ 机型	土压平衡式盾构机	泥水加压式盾构机	复合式盾构机
主要特点	1. 对称削土密封式或泥土加压式。盾构前端有一个全断面切削刀盘，在它后面有一个贮留削土体的密封舱。在其中心处或下方装有长筒形的螺旋输送机。 2. 切削刀盘用于切削土体，同时将切削下来的土体搅拌混合，以改善土体的流动性。 3. 密封舱用于存贮刀盘切削下来的土体，并加以搅拌使其成为不透水的、具有适当流动性的塑流体。 4. 可通过设置塑流体注入器向密封舱、刀盘和输送机内注入添加剂	1. 总体构造与土压平衡式盾构机相似。 2. 密封舱内充满特殊配制的压力泥浆，刀盘浸没在泥浆中工作。 3. 在掘进中由泥浆压力支护开挖面，在停止掘进时由刀盘面板支护开挖面。 4. 在不透水的黏性土层，泥浆压力应保持大于围岩（土）的主动土压力；对于渗透大的砂性土，泥浆压力应大于地下水压力 0.2MPa。 5. 渣土在密封舱内与泥浆混合后，用排泥泵及管道输送到地面	1. 总体构造与土压平衡式盾构机相似。 2. 适用于混合地层
不利条件	1. 不适用于较大承压水头的土层。 2. 在高水头压力条件下，在稳定开挖面土体，防止地面沉降，避免土体流失等方面较难达到理想的控制	1. 应配置特殊的泥浆。 2. 须有一套泥浆处理系数。 3. 在进、排泥浆管上应分别设流量计及密度计。 4. 严格控制排渣量，当超量排土时，易引起地面沉降量。 5. 与土压平衡式盾构机相比，设备较为复杂	1. 如果孔隙水压较高，富水性较大，可能产生喷涌，工作面压力难以保证。 2. 遇砂砾地层、黏土层，刀盘的扭矩会增大，刀盘磨损较快
工程费用	低	高	较高

四、盾构进出洞加固措施

盾构进出洞时，洞口段地层须预先进行加固处理以保证盾构机进出洞的安全。加固后的地层应有良好的均匀性和自立性，加固后的土体单轴无侧限抗压强度以不小于 1.0MPa（个别地区根据具体情况论证）为宜，渗透系数应以不小于 1×10^{-8}（个别地区根据具体情况论证）为宜。

盾构机进出洞区域地基加固措施一般采用旋喷桩配合搅拌桩，靠近车站端头采用单排 $\phi 800@600$ 双管旋喷桩，地基加固采用 $\phi 850@600$ 三轴搅拌桩。地基加固范围一般为盾构始发 9m，到达 9m，地质条件较差时可以适当加长，加固宽度为盾构隧道结构每侧 3m，竖向加固范围为盾构隧道结构上下各 3m。当现场并不具备搅拌桩加固条件时，可以采取冷冻法加固或者水平注浆加固。

五、联络通道施工工法

联络通道（或含泵房）常用的施工方案有：洞内加固结合矿山法施工；地面加固结合矿山法施工；顶管法开挖；冷冻法开挖等。工法选择对联络通道的风险控制影响较大，应根据地质、地下水、周边环境等综合比较。联络通道的风险常见有渗水、管涌、坍塌、管片裂缝、地面沉陷等。

风险对策主要有联络通道位置选择时避开不良地质、承压水、周边环境风险源等，设置封堵门、管片支撑，对地层加固和冻结效果监测评估，采用冷冻法时确保冻结时电力不中断，加强现场巡视检查等。

六、盾构施工风险

1. 盾构筹划风险

盾构筹划是盾构实施的重要策划，盾构筹划相当于技术管理总统筹，起着非常重要的作用，盾构筹划要遵循以下几点原则。

（1）尽量与标段划分匹配，最好能做到盾构的始发或转场都在各自的标段内，减少标段之间的协调。

（2）盾构筹划要跟工期匹配，尽量不要出现多个影响节点工期的情况，造成工期紧张，从而产生不必要的风险。

（3）确保盾构机的数量充足，防止盾构机工作距离过长，反复维修。

（4）盾构技术方案应精心制定，通过梳理风险源、控制掘进各项参数、合理配置同步注浆配比等技术手段来降低工程的施工风险。

2. 盾构出洞风险

进出洞的端头加固质量和复杂地质容易导致涌水、塌方、地面沉降等事故。进出洞的风险应对措施有以下几点。

（1）盾构端头加固长度应大于盾构机本身的长度。

（2）经检测验收合格后方可始发、接收。

（3）始发、接收过程中应配专人巡视，如有异常应立即停止施工。

（4）地下水位较高时，加固段内外一定距离处设置水位观测孔，及时观测水位变化。

（5）无端头加固条件或位于富水地层时可采取钢套筒接收。

3. 穿越密集建筑群沉降风险

盾构穿越密集建筑群时引起的地表沉降和很多因素有关，比如，地层条件、土仓压力、出土量、掘进速度、注浆时间、压力、注浆量等。盾构施工过程中应严格控制盾构的掘进参数，加强建筑物及地表的监控量测和巡视管理，一旦发现建筑物异常及时采取应急措施。

4. 掘进施工中的风险

掘进施工中的风险主要有地面沉降过大，盾构内喷涌，盾尾密封装置泄露，掘进轴线偏差过大等。

盾构掘进引起的地面沉降一般包括早期沉降、开挖面前沉降、盾构通过时沉降、盾构空隙沉降、后期沉降五个阶段。同步注浆是控制地表沉降的关键工序，需控制好注浆压力、注浆量，避免造成管片错台、开裂和漏水，为更好地控制地面沉降，常采用管片上增设注浆孔进行二次注浆措施。

为防止喷涌，盾构机设置防喷涌应急装置，选择适当的土体改良添加剂，防止强推猛推使前方工作面土压力过大而产生喷涌风险，螺旋输送机开口速率应稳定而平缓地增加，不能猛开猛关等。

为防止盾尾漏浆、漏水，应选择可靠耐用的盾尾密封装置，损坏后应及时更换,在地下水位较高工程中,设置可靠的盾尾应急密封装置,应派专人对盾尾注脂系统进行查看和维护,及时加注油脂。

盾构在曲线段施工时,尽量利用盾构机自身千斤顶的纠偏能力进行纠偏,按照"勤纠偏、小纠偏"的原则,控制各千斤顶的行程量,使盾构机和隧道轴线沿设计轴线,在容许偏差范围内平缓推进,切不可纠偏幅度过大。在曲线段掘进时,管片单侧偏压受力易变形,应及时进行同步注浆,可用早强快凝浆液。

盾构掘进施工中需控制好盾构机施工参数。盾构机操作与施工人员需经培训合格后方可持证上岗。在掘进过程中,需要对盾构机施工参数进行大的调整时,应按施工组织设计规定的程序进行,如有必要,需召开专家论证会,严禁擅自调整。

第三节 高架工程

本节主要介绍高架工程的风险,考虑到车站的结构类型可以参考桥梁结构或框架结构,故不再单独介绍地铁高架车站,另外考虑到地铁墩柱相对简单,也不再进行单独的介绍。

一、国内轨道交通桥梁形式

2001年国内第一条高架轨道交通线路——上海明珠线建成通车,随后北京、大连、天津、南京、武汉、重庆、广州、深圳等多个城市也相继建成或新建多条高架线;伴随高架轨道交通线路的迅速发展,轨道交通高架桥的结构形式及施工方法也日益丰富起来,国内主要城市轨道交通桥梁主要结构形式见表3-4。

国内主要城市轨道交通桥梁主要结构形式　　　　表 3-4

序号	项目名称	线路长度（km）	高架长度（km）	现状	区间标准梁形式	施工方法
1	上海明珠线一期	24.97	24.97	运营	30m 简支箱梁	现浇
2	上海莘闵线	17.2	17.2	运营	30m 简支箱梁	现浇
3	上海共和新路高架	12.46	8.25	运营	30m 简支箱梁	现浇
4	上海地铁 9 号线	30.98	15.55	运营	30m、25m 简支组合箱梁	预制吊装
5	杭州地铁 1 号线	10.887	6.6	运营	30m 简支箱梁	现浇
6	南京地铁 1 号线	16.9	4.25	运营	3×25m 连续箱梁	现浇
7	南京地铁 2 号线	25.154	8.264	运营	30m 简支箱梁	现浇
					25m 简支 U 形梁	预制吊装
8	无锡地铁 1 号线	29.42	7.157	运营	30m 简支箱梁	现浇
9	无锡地铁 2 号线	26.2	10.163	在建	35m 简支箱梁	现浇
10	广州地铁 4 号线	46.4	30.14	运营	30m 简支箱梁	节段拼装/预制吊装
11	广州地铁 6 号线	42	16	运营	35~40m 连续刚构	节段拼装
12	北京城市铁路	40.9	12.3	运营	3×25m 连续箱梁	现浇
13	北京地铁八通线	18.96	11.05	运营	25m I 形简支组合梁	预制吊装
14	北京地铁 5 号线	27.7	10.7	运营	3×30m 连续箱梁	现浇
15	北京地铁奥运线	4.528	4.528	运营	30m 简支箱梁	节段拼装
16	北京机场线	28.1	23	运营	30m 简支箱梁	预制架设
17	天津津滨轻轨	45.41	39.7	运营	3×25m 连续箱梁	现浇
18	天津地铁 1 号线	26.19	8.74	运营	3×25m 连续箱梁	现浇
19	大连快轨 3 号线	46.45	14.21	运营	25m 连续箱梁/组合 U 形梁	预制吊装/现浇
20	武汉轨道交通一期	10.27	10.27	运营	25m 简支箱梁	现浇
21	重庆地铁较新线	14.28	8.8	运营	25m 简支 PC 轨道梁	预制吊装

从表中可以看到，在国内各城市已建成和在建的城市轨道交通高架区间桥梁中，梁的截面形式绝大多数为箱形梁、I形组合梁和U形梁，其中以箱形梁为主；受力体系以简支梁和三跨连续梁为主，跨径大多采用30m或25m；施工方法早期以现浇为主，近期预制架设较多。从发展趋势来看，轨道交通的高架结构正在向简支梁体系及预制架设施工方向发展。

二、上部结构形式

1. 大箱梁

大箱梁外观简洁，是目前国内城市轨道交通和客运专线铁路应用最广泛的梁型。它具有闭合断面、截面抗弯及抗扭刚度大，整体受力性能和动力稳定性好等特点。大箱梁可采用整体预制架设、现浇施工等，工法较灵活，并可满足小半径曲线桥梁运架施工条件。此外，大箱梁底板横向宽度较窄，与之匹配的桥墩尺寸亦小，桥梁整体景观及经济性均较好，如图3-9、图3-10所示。

图3-9　城市轨道交通大箱梁桥

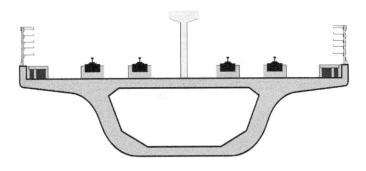

图 3-10　单箱单室梁（大箱梁）横断面

2. 小箱梁

小箱梁由两个单箱组合而成，在两箱之间现浇横向连接，一般采用预制吊装法施工。单箱梁体量较小，运架设备或吊装设备吨位较小，运架或吊装速度快。但分片架设完成后需现浇横向连接缝及横隔板，施工工序较多，景观性较大箱梁稍差。此外，小箱梁总体底宽较大，与之匹配的桥墩尺寸也相对偏大（图 3-11、图 3-12）。

图 3-11　城市轨道交通小箱梁桥

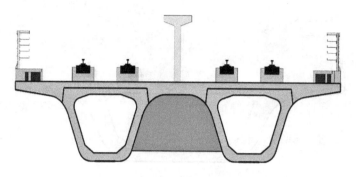

图 3-12 双箱单室梁（小箱梁）横断面

3. U 形梁

U 形梁的最大优点是桥面结构建筑高度可以做得较低，为桥下提供更高的空间，且两侧梁板可起到隔声作用，降低轮轨噪声对周边环境的影响。但其结构受力复杂、梁体抗扭刚度小、施工复杂，工程造价略高。国内轨道交通、干线铁路主要在结构高度受控制地区或噪声敏感区采用这种形式（图 3-13、图 3-14）。

图 3-13 城市轨道交通 U 形梁桥

图 3-14 U 形梁横断面

4. 综合比较

各种截面形式梁的综合性能对比见表3-5。

各种截面形式梁的综合性能对比　　　　　　　　　　　表3-5

特性＼梁型	大箱梁	小箱梁	U形梁
主要特点	闭合截面	闭合截面	节约净空，降噪效果好
受力性能	整体受力性能好	受力性较好	自重大，抗扭不利
配套墩型	单柱居多	双柱墩、Y形墩	T形墩、双柱墩
适宜施工方法	预制、现浇、拼装	分片预制架设、吊装	移动模架、支架现浇
建造经验	技术成熟	技术成熟	使用范围较少
景观性	线条流畅、造型美观	较大箱梁略差	腹板很高，显得庞大

5. 标准梁施工工法

梁部的施工方法主要有现浇法、整孔预制方案和节段拼装法三种方式，其对比见表3-6，部分现场照片如图3-15 ~ 图3-17所示。

简支箱梁施工方法对比　　　　　　　　　　　表3-6

施工方案	方法概要	主要优点	主要缺点	施工速度	经济比较	适用情况
方案一：现浇法	满布支架或移动模架现场施工	1. 整体性好，可适应各种梁型；2. 可多段同时开工；3. 不需大型设备；4. 对连续结构施工无体系转换	1. 对城市环境、桥下交通影响较大；2. 需大量支架；3. 施工场地占地多；4. 施工期较长	施工速度最慢。每孔梁当采用支架现浇需要15 ~ 20d；当采用动模架施工需要10 ~ 15d	由于不需要投入大型造桥或架桥设备，对于中短距离梁桥施工费用最省	适用于项目量少的中小桥或斜弯桥
方案二：整孔预制方案	在预制场整孔预制、运至现场架桥机架设	1. 对城市环境、交通影响较最小；2. 施工场地占地少；3. 利于大规模生产，质量外观好；4. 上下部结构可同时施工，施工速度快；5. 节省大量模架	工程施工前期投入较大，运输的道路条件要求高	施工速度最快。每天可架设2孔梁	前期投入预制场的费用较高，梁体本身施工成本可降低，对长大桥梁有优势	适用于大规模中小桥简支梁工程

续表

施工方案	方法概要	主要优点	主要缺点	施工速度	经济比较	适用情况
方案三：节段拼装法	在工厂分段预制、运至现场架桥机组装架设	1. 对城市环境、交通影响较小；2. 施工场地占地少；3. 工厂化生产，施工工艺简单易行；4. 从预制场至工地的地面运输相对容易实现	1. 施工前期投入较大；2. 施工技术难度较大；3. 质量及外观不容易控制；4. 施工工序多，施工速度较慢	施工速度介于上述两种方案之间。每孔梁需要3~5d	前期投入预制场的费用较高，梁体材料指标最高，对超长桥梁有优势	适用于大跨工程项目或长大特殊桥梁

（a）碗扣支架及贝雷梁支架　　（b）整孔现浇箱梁施工现场图

图 3-15　现浇法现场照片

（a）整孔箱梁工厂预制图　　（b）整孔吊装施工现场图

图 3-16　整孔预制方案现场照片

（a）节段箱梁工厂预制图　　　　　（b）节段拼装施工现场图

图 3-17　节段拼装法现场照片

三、上跨节点桥方案

当区间上跨其他重要通道时，该节点桥的方案选择尤为重要，既要考虑施工作业空间，又要尽可能降低对现有交通的影响，还要考虑到安全和一定的经济性。

1. 连续刚构转体方案

部分转体施工方案现场照片如图 3-18、图 3-19 所示。

图 3-18　转体跨高速实景图

图 3-19　无锡地铁 1 号线转体上跨沪宁高速

本方案优点：

（1）桥梁结构刚度大，线型与两侧标准跨衔接顺畅；

（2）混凝土结构后期基本不需养护；工程全寿命周期成本低；

（3）转体期间不用中断交通，需设限速标志，对沿江高速影响较小。

本方案缺点：

（1）转体施工费用较高；

（2）浇筑梁体期间影响时间一般较长。

2. 连续刚构悬浇方案

部分相关施工方案现场照片如图 3-20、图 3-21 所示。

图 3-20　悬浇跨高速实景图

图 3-21 跨中合龙段实景图

本方案优点:

(1) 桥梁结构刚度大,线型与两侧标准跨衔接顺畅;

(2) 桥梁施工期间对交通影响较小;

(3) 混凝土结构后期基本不需养护;工程全寿命周期成本低;

(4) 悬浇施工费用较低。

本方案缺点:

(1) 浇筑梁体期间影响时间较长;

(2) 需要挂篮防护,防护要求高,方案审批难度比较大。

3. 钢桁梁方案

部分钢桁梁方案现场照片如图 3-22、图 3-23 所示。

图 3-22 钢桁梁拖拉实景图

图 3-23　南京地铁 2 号线跨绕城高速

本方案优点：

（1）钢结构安全性好；

（2）上下部可同步施工，工期较短；

（3）施工期间对沿江高速交通影响小。

本方案缺点：

（1）后期需定期维修和涂装，涂装期间对沿江高速影响大；

（2）顶推施工费用较高。

4. 方案比选

连续刚构转体、连续刚构悬浇和钢桁梁各项对比见表3-7。

连续刚构转体、连续刚构悬浇和钢桁梁各项对比　　表 3-7

	连续刚构转体	连续刚构悬浇	钢桁梁
施工难易度	转体施工，工艺成熟	悬浇挂篮施工，工艺成熟	拖拉施工，工艺成熟
对现状交通的影响	浇筑梁体期间影响长达几个月	悬浇施工期间影响长达几个月，方案审批难度较大	拖拉施工影响时间极短，只需要1d
养护难易度	混凝土结构，几乎不需养护	混凝土结构，几乎不需养护	高强度螺栓需定期检修，有涂装要求，养护工作量大
施工工期	较长	较长	较短
工程造价	适中	适中	相对较高

第四节　民建工程

地铁配套工程主要包括车辆段、停车场、控制中心、变电所。主要结构类型为工业厂房（比如车辆段内的停车库等）、高层结构（控制中心）和多层房屋。结构形式涉及砌体结构、框架结构、剪力墙结构、钢结构。

上述结构都是工业与民用建筑工程中的常见类型，该类书籍比比皆是，相关工程风险不再赘述。

本节以某停车场运用库屋面火情事故（图3-24）为例，分析火情产生的原因及风险管控措施。

图3-24　某停车场运用库屋面

一、火情概况

某年6月17日13：30左右，某地铁停车场运用库屋面发生火情，通过拨打"119"火警电话，在消防队员支援下于当天将火消灭。

该停车场运用库屋面板结构由下往上依次为：0.47mm厚镀铝锌钢底

板（YX12-218-1090，不燃材料），25mm×25mm×1.0mm 镀锌钢丝网（不燃材料），20mm 厚挤塑板（B1 级，阻燃材料），无纺布（40g/m^2，易燃材料），1.5mm 厚高分子防水卷材（易燃材料），100mm 厚玻璃纤维保温棉（32kg/m，不燃材料），防水透气膜（易燃材料）和 0.6mm 厚镀铝锌钢屋面板（65/400，不燃材料）。其中 0.47mm 厚镀锌铝钢底板为反吊板，运用库屋面高低跨立面处使用 3mm 厚铝板进行包裹收边。屋面铝板及百叶窗施工正处于焊接铝板及百叶窗骨架的工序，铝板及百叶窗骨架分布在屋面高低跨、3 轴线及 12 轴 /C-D 轴处。

二、火情处理过程

（1）6 月 17 日 13：45，动火现场监护人发现动火处（屋顶夹层）出现火情，立即使用灭火器灭火，并分别向该工程项目副经理、安全总监汇报现场情况。

（2）6 月 17 日 13：46，项目经理在接到项目副经理的电话后，立即启动项目部火灾应急预案。

（3）6 月 17 日 13：48，根据项目应急预案正式采取对运用库实施断电、组织疏散、灭火等应急措施。

（4）6 月 17 日 14：07，项目负责人在判断现场火情有可能扩散的情况下，拨打"119"火警请求消防支援。

（5）6 月 17 日 14：17，消防中队到达现场开始灭火。

（6）6 月 17 日 14：20，项目负责人在和消防人员现场对接后，形成火情可控的一致意见，之后安排人员通知监理、业主。

（7）6 月 17 日 15：00 左右，监理单位总监、建设单位业主代表陆续到达现场。

（8）6 月 17 日 16：00 左右，消防中队在确认现场无明火及可燃物复燃隐患后撤离现场。

（9）火情处理后，建设单位、监理单位、施工单位分别对本次火情展开火情事故原因分析调查。

三、火情产生的原因分析

通过对火情现场的调查取证，确定本次火情发生的直接原因主要为电焊工在从事电焊作业时由于采取防护措施不当，导致焊渣溅入屋面夹层，引起无纺布（易燃材料）和高分子防水卷材（易燃材料）着火，因着火点处于屋面夹层，有限空间灭火困难，导致火情扩大，造成严重后果。本次火情的发生反映出如下管理问题。

1. 动火作业管理不严格

经现场查阅"三级动火许可证"，动火部位填报为"运用库"，未能体现火情发生具体位置，动火须知栏及安全措施栏填报内容与实际作业内容针对性不强，无具体安全防护措施，申请时间未精确到"日"。从动火作业证审批情况可反映施工单位对动火作业重视不够，监理单位审批不严。

2. 日常安全隐患整改落实不及时

现场查阅"监理通知单""安全生产奖惩记录"，6月15日，监理单位在日常巡视发现运用库屋顶电焊施工存在无接火盆等安全措施的情况，存在安全隐患，并要求停工一天，加强作业人员安全教育管理。施工单位未能及时回复监理单位下发的隐患通知，在无复工指令情况下施工单位仍旧施工作业，现场仍未采取防护措施，期间监理单位也未进一步跟踪检查制止施工。从而反映出对安全隐患问题整改闭合管理不到位。

3. 业主相关管理制度落实不到位

火情发生后，现场人员应及时向相关部门及人员上报现场情况，并根据现场情况逐级上报，而本次火情发生后，业主相关部门并未接到报告。

四、反思

本次火情虽未造成人员伤亡或重大经济损失，但造成的负面影响较大，动用的灭火资源较多，从现场调查情况看，日常管理力度不够，制度执行力不强，现场的安全风险防范意识淡薄。如果认真做到风险管控和隐患排查，该事件完全可以避免。

第五节　施工作业

一、高空作业

（一）高处作业及登高架设作业的定义与种类

1. 高处作业的定义及种类

定义：凡在坠落高度基准面 2m 以上（含 2m）有可能坠落的高处进行的作业，均称为高处作业。

基准面：由高处坠落达到的底面。底面可能高低不平，所以对基准面的规定是最低坠落着落点的水平面。

最低坠落着落点：在作业位置可能坠落到的最低点。如果处在四周封闭状态，那么即使在高空，例如在高层建筑的居室内作业，也不能称为高处作业。

高处作业高度：作业区各作业位置至相应坠落高度基准面之间的垂直距离中的最大值。

（1）高处作业的级别

1）一级高处作业：作业高度在 2～5m 时。

2）二级高处作业：作业高度在 5m 以上至 15m 时。

3）三级高处作业：作业高度在 15m 以上至 30m 时。

4）特级高处作业：作业高度在 30m 以上时。

（2）高处作业的种类

高处作业分为一般高处作业和特殊高处作业两种，特殊高处作业包括以下类别。

1）强风高处作业：在阵风六级（风速 10.8m/s）以上的情况下进行的高处作业。

2）异温高处作业：在高温或低温环境下进行的高处作业。

3）雪天高处作业：降雪时进行的高处作业。

4）雨天高处作业：降雨时进行的高处作业。

5）夜间高处作业：室外完全采用人工照明时进行的高处作业。

6）带电高处作业：在接近或接触带电体条件下进行的高处作业。

7）悬空高处作业：在无立足点或无牢靠立足点的条件下进行的高处作业。

8）抢救高处作业：对突然发生的各种灾害事故进行抢救的高处作业。

（3）标记

高处作业的分级以级别、类别和种类进行标记。

一般高处作业标记时，写明级别和种类。特殊高处作业标记时，写明级别和种类，种类也可省略不写。

（4）坠落半径

人、物体由高处坠落时，因高度不同其可能坠落范围半径也不同。

不同高度 h 其坠落半径 R 分别为：

当高度 h 为 2～5m 时，坠落半径 R 为 2m；当高度 h 为 5m 以上至 15m 时，坠落半径 R 为 3m；当高度 h 为 15m 以上至 30m 时，坠落半径 R 为 4m；当高度 h 为 30m 以上时，坠落半径 R 为 5m。

2. 登高架设作业的定义及种类

（1）登高架设作业的定义

登高架设是指搭设钢管或竹、木杆件构成的施工作业操作架子。架子工从事的登高架设或拆除作业，是高处作业的一种，主要通过攀登与悬空作业方式完成搭设或拆除登高脚手架。

（2）登高架设的种类

登高脚手架按不同用途、位置与状态、杆配件材料和连接方法等划分类别。

1）按脚手架的用途划分，可分为四类。

①用于结构施工作业面搭设的脚手架，称为结构脚手架，俗称"砌筑脚手架"。结构工程完成后，可用于装修施工作业，一般要承受较大荷载。

②用于装修施工作业而搭设的脚手架，称为装修脚手架。拆除工程、荷载较小的设备安装工程使用的，一般也属此类脚手架。

③为支撑模板及其荷载或其他承重要求搭设的脚手架，称为支撑和承重脚手架。

④在高压线、通道等旁边搭设的，起安全保护作用的脚手架，称为防护脚手架。

2）按脚手架设置部位划分，可分为两类。

①搭设在建筑物外围的脚手架，称为外脚手架。外脚手架是房屋建筑中结构施工和外部装修与安装时的主要脚手架。

②搭设在建筑物内部的脚手架，称为内脚手架。内脚手架主要用于室内装修、安装设备等。

3）按脚手架的设置状态划分，可分为五类。

①落地式脚手架：这种脚手架是以地面、楼面、平屋面或其他一定面积的结构物表面为搭设支撑面，脚手架荷载通过立杆传给相应的支撑面。落地式脚手架有单排架、双排架、三排架、满堂架等。这是最为常见的登高脚手架。

②悬挑式脚手架：从建筑物内伸出的或固定于工程结构外侧的悬挑型钢或悬挑架上搭设起来的脚手架，脚手架荷载通过悬挑梁（结构）传给工程结构承受。这种脚手架一般用于高层建筑施工或局部维修施工作业。

③附着式脚手架：不落地地支托于建筑物（或构筑物）的屋顶或墙面上的脚手架，有挂脚手架、吊篮、附着式升降脚手架等形式。这种脚

第三章 风险与对策

手架是装配而成的,架设高度大,构成的操作过程是装配铺合,与采用钢管、竹或木杆搭设脚手架工艺有明显区别。

④桥式脚手架:由桥式工作台及两端支柱构成的脚手架,是装配或施工脚手架。这种脚手架被广泛用于多层建筑,也适用于14层以下的高层建筑,可作为结构砌筑施工和装修安装作业的脚手架。

⑤移动式脚手架:用扣件钢管搭成或型钢装配而成,底部带移动装置的平台架。这种脚手架被广泛用于室内装饰、局部处理的装修安装工程施工。

4)按脚手架杆配件材料和连接方式划分,可分为六类。

①木脚手架;②竹脚手架;③扣件式钢管脚手架;④碗扣式钢管脚手架;⑤型钢式脚手架;⑥连接式脚手架。

(二)高处坠落和物体打击的预防

1. 脚手架坠落事故的原因

在登高脚手架搭设和拆除过程中,架子工是主要坠落对象。脚手架完成交付使用之后,高处坠落主要发生在相关作业人员之中。常见的坠落类型如下。

(1)身体失稳坠落

架子工搭设拆除脚手架时,一般在狭窄、光滑的横杆上站立、行走,或在两杆之间跳动进行操作,如果操作不熟练,掌握不住身体平衡,手的抓握不准或不牢固,以及持重在横杆上移动等,都会发生因身体失去平衡跌倒或脚底滑动后坠落。

(2)架子失稳坠落

一种是未作基础处理的地面上或者是悬挑支架设置不牢固,搭设脚手架时,立杆的垂直度得不到保证,操作人员在架子上的作业会使架子发生晃动,如果没有按规定做好必要的临时支撑和拉结,就会发生脚手架倾斜倒塌、人员坠落事故。另一种是违章在架体上搭设挑排,导致"上大下小"、"头重脚轻",使脚手架重心失衡,发生倒塌伤人事故。

（3）杆件脱开坠落

各杆件之间的绑扎不紧或扣件未紧固，作业人员站立到横杆上或脚手片上后，绑扎的箆条或扣件下滑，或者架子散开，导致作业人员坠落。

（4）围护残缺坠落

没有按规定设置防护栏杆、踢脚杆和挂安全网；架层间作业脚手片和防护脚手片少铺；间隙过大；不平；不稳；有探头；固定不牢等；脚手架距墙面大于200mm，未铺设防护脚手片等。作业人员一旦行为失误或操作失误，就会因无防护或防护不到位而坠落。

（5）操作失误坠落

搭拆架子时用力过猛，身体失去平衡；或两人操作配合不默契，突然失手等。在架子作业层上操作的人员，拉车倒退踩空、被构件拉勾失稳、接收吊运材料被碰撞等，都会造成坠落事故。

（6）违章操作坠落

在脚手架上睡觉、打闹、攀登杆件上下、跳跃；搭设凌空状态时不用安全带；饮酒后作业；未扎紧裤腿口、袖口；在不宜作业的大风、雨雪天上架子操作；在石棉瓦等易碎轻型屋面、棚顶上踩踏等。

（7）架子塌垮坠落

这种倒塌造成群死群伤，损失特别巨大，主要原因有：脚手架上荷载严重超出允许承载值，或荷载过于集中，引起扣件断裂或绑扎崩裂；任意撤去或减少连墙拉结、抛撑、缆风绳等；支撑地面沉陷，脚手架倾斜失稳；悬挑式脚手架没有进行分段卸荷；不同性质的支架连在一起；起重机的吊臂挂、碰脚手架；车辆碰撞脚手架等。

（8）"口""边"失足坠落

施工现场的预留孔口、电梯井口、通道口、楼梯口、上料口、框架楼层周边、层面周边、阳台周边等没有设置围栏或加盖板以及警示标志，操作人员因滑、碰、用力过猛等踩空坠落。

（9）梯上作业坠落

梯子是一种常用扶助登高攀登或直接作为登高作业的工具。如果依靠不稳、斜度过大、梯脚无防滑措施，或垫高物倒塌造成梯子倾倒而造成人员坠落。另外，使用缺档梯子，或者负荷过重使梯档断裂，人字梯中间没有用绳子拉牢，也会造成坠落事故。

2.物体打击事故的原因

物体打击事故是脚手架施工中常见的多发性事故，不仅会伤害架子工和现场其他施工人员，而且还可能危害行人等非施工人员，发生事故的原因如下。

（1）失手坠落打击伤害

架子工在攀登或搭、拆操作时，扳手、钢丝钳等手用工具失手后坠落或在工具袋中滑脱坠下击伤他人。其他作业人员失手伤人，如泥工砌筑时砍砖头，断砖坠落；木工手中的榔头等工具不慎掉下，击伤他人。

（2）堆放不稳坠落伤人

脚手架上防护不严或没有防护措施，堆放的砖头、模板、钢材等材料不平稳或没有垫平，被人碰倒或搬动时坠落下去，击伤他人。

（3）违章抛投物料伤人

有的作业人员图快，不按规定向下顺递或吊下，将高处拆下的钢管、扣件、脚手片或者模板、多余砖头、垃圾等物，从高处向下抛投，结果发生直接击中他人或被抛下物反弹间接伤人事故。

（4）吊运物体坠落伤人

使用起重机吊运物体时，没有捆紧，或者大、小物体夹杂，或者起重操作不规范等，造成物体散落击伤他人。

从上面列举的脚手架上坠落事故和物体打击事故中可以看到，脚手架事故预防必须从准备工作开始，贯穿于搭设、使用和拆除的全过程。脚手架的施工方案设计者、脚手架的搭设与拆除的作业人员、安全检查验收人员、所有使用脚手架的人员都应承担保证脚手架安全的责任，但作业的架子工是关键责任人。

3. 预防坠落打击的安全技术

建筑施工过程中,施工人员在不同的部位、不同的高度、不同的工序同时作业,称交叉作业。

交叉作业人员应注意尽量不在同一垂直方向上操作,使上部与下部作业人员的位置错开,使下部作业人员的位置处于上部落物的坠落半径范围以外。当不能满足要求时,应设置隔离层,隔离层的防穿透能力,不应小于安全平网的防护能力。

在拆除模板、脚手架等作业时,其下方不得有其他作业人员,防止落物伤人。拆下的模板、支撑等堆放时,也不能过于靠近临边,应留出不小于1m的安全距离,码放高度也不能超过1m。

当建筑结构层施工到二层及二层以上时,必须架设安全网防护。楼层继续升高时,每隔四层设一道固定平网(或用立网封闭),作为对交叉作业人员的安全防护。

通道口、出入口的上部应搭设防护棚(护头棚),防护棚顶部应用50mm厚木板或相当于50mm厚木板强度的其他材料。防护棚的尺寸,应视建筑物防护的高度而定,大小不小于坠落半径。

(三)基本规定

(1)施工单位在制订施工方案时,必须将预防高处坠落列为安全技术措施的重要内容。安全技术措施实施后,由工地技术负责人组织有关人员进行验收,凡不符合要求的,待修整合格后方可投入使用。

(2)凡经医生诊断患有高血压、心脏病、严重贫血、癫痫病以及其他不宜从事高处作业的病症的人员,不得从事高处作业。高处作业人员应每年进行一次体检。

(3)高处作业人员必须经过三级安全教育,经安全技术培训和考核,取得"特种作业操作证"后,方准上岗操作。

(4)高处作业人员必须按规定穿戴合格的防护用品,禁止赤脚、穿拖鞋或硬底鞋作业。使用安全带时,必须系挂在作业上部的牢靠处。

（5）高处作业人员应从规定的通道上下，不得攀爬井架、龙门架、脚手架，更不能乘坐非载人的垂直运输设备上下。

（6）禁止在防护栏杆、平台和孔洞边缘坐、靠，不得躺在脚手架上或脚手架下方休息。

（7）禁止站在阳台栏杆、钢筋骨架、模板及支撑上操作。禁止在作业时，沿屋架上弦、檩条以及未固定的构件上行走和作业。

（8）在外墙高处进行安装玻璃及油漆等装饰工作时，应搭设防护设施或系好安全带。

（9）遇六级以上强风或暴雨浓雾等恶劣天气时，应停止露天高处作业。

（10）夜间及光线不足高处作业时，应针对作业环境条件设置照明，使作业人员工作范围内视线清楚。

（四）高处作业安全标志

高处作业安全标志在保证高处作业安全中起着举足轻重的作用，适当地悬挂合适的安全标志，可以使作业人员增强安全意识，对预防高处作业中可能发生的安全事故起到积极的作用。

安全标志由安全色、几何图形和图形符号构成，有时附以简短的文字警告说明，以表示特定安全信息为目的，有规定的使用范围、颜色和形式。安全标志的设置与使用必须遵照现行国家标准《安全标志及其使用导则》GB 2894 的规定。

（五）高处坠落事故及预防措施

据统计，在建筑施工作业的职业伤害中，与高处坠落相关的伤亡人数占职业伤害的 39% 左右，而架上坠落、悬空坠落、临边坠落和洞口坠落 4 种事故，占高处坠落事故的 90% 左右。

1. 高处坠落事故

（1）高处坠落事故的多发环节

1）临边作业。临边作业是指施工现场中，工作面边沿无围护设施或围护设施高度低于 80cm 时的高处作业。

下列作业条件属于临边作业：

①基坑周边、无防护的阳台、料台与悬挑平台等；

②无防护楼层、楼面周边；

③无防护的楼梯口和梯段口；

④井架、施工电梯和脚手架等的通道两侧面；

⑤各种垂直运输卸料平台的周边。

2）洞口作业。洞口作业是指孔、洞口旁边的高处作业，包括施工现场及通道旁深度在2m及2m以上的桩孔、沟槽与管道孔洞等边沿作业。

建筑物的楼梯口、电梯口及设备安装预留洞口等未安装正式栏杆、门窗等围护结构时，还有一些施工需要预留的上料口、通道口、施工口等。洞口若没有防护，就有造成作业人员高处坠落的危险。

3）攀登作业。攀登作业是指借助建筑结构或脚手架上的登高设施或采用梯子或其他登高设施在攀登条件下进行的高处作业。在建筑物周围搭拆脚手架，张挂安全网，装拆塔式起重机、龙门架、井字架、施工电梯、桩架，登高安装钢结构构件等作业都属于这种作业。

进行攀登作业时作业人员由于没有作业平台，只能攀登在可借助物的架子上作业，要借助一手攀、一只脚勾或用腰绳来保持平衡，身体重心垂线不通过脚下，作业难度大，危险性大，若有不慎就可能坠落。

4）悬空作业。悬空作业是指在周边临空状态下进行高处作业。其特点是在操作者无立足点或无牢靠立足点的条件下进行高处作业。

建筑施工中的构件吊装，利用吊篮进行外装修，悬挑或悬空梁板、雨棚等特殊部位支拆模板、扎筋、浇混凝土等作业都属于悬空作业。由于是在不稳定的条件下施工作业，危险性很大。

5）交叉作业。交叉作业是指在施工现场的上下不同层次，于空间贯通状态下同时进行的高处作业。

（2）高处坠落的原因

1）高处作业时违反操作规程。

第三章　风险与对策

2）防护措施不当、安全装置失灵或质量不好。

3）从事高处作业人员的情绪不好、注意力不集中等造成失误。

4）从事高处作业的人员有不适于高处作业的疾病，如高血压病、心脏病、贫血病、癫痫病等，或酒后从事高处作业，易致使高处坠落。

2.高处坠落事故的预防措施

（1）安全"三宝"防护措施

安全帽、安全带、安全网在建筑安装工程施工中，挽救了无数职工的生命，已被建筑企业广大职工公认为安全"三宝"。

1）进入施工现场的职工必须戴安全帽：进入施工现场的职工必须戴好符合标准的安全帽，帽衬与帽壳之间必须留4~5cm的间隙，并要系好帽带，防止脱落或者坠落物件把帽子打掉致头部受伤。

2）悬空作业人员须系安全带：凡在2m以上悬空作业，必须系好符合要求的安全带，有的悬空作业点没有挂安全带的条件时（如行车梁的上部、吊装屋架上弦等），施工负责人应为工人设置挂安全带的安全绳、安全栏杆等。

3）高处作业点的下方必须设安全网：凡无外架防护施工，必须在高度4~5m处设一层固定安全网，每隔四层楼再设一道固定安全网，并同时设一层随墙体逐层上升的安全网。凡外架、桥式架、插口架的操作层外侧，必须设置小孔安全网，防止人、物坠落造成事故。

（2）"四口"防护措施

1）凡楼梯口、预留洞口（包括管井口），必须设围栏或盖板、架网。

2）正在建的建筑物所有出入口，必须搭设防护棚。棚的宽度应大于出入口，棚的长度应根据建筑物的高度，以5~10m为宜。

（3）"五临边"防护措施

在施工过程中，尚未安装栏杆的阳台周边、无外架防护的屋面周边、工程楼层周边、跑道、（斜道）两侧边、卸料台的外侧边等，必须设置1m高的双层围栏或搭设安全网。

地铁工程建设风险与对策

二、临时用电

电的使用越来越广泛,但电也会给人们的生产和生活带来危险。地铁土建施工、机电安装等施工过程几乎全程需要用电,因此,应掌握电气安全技术,预防因电产生的危害。

(一)触电事故基本知识

触电事故是由电流及其转换成的能量造成的事故。为了更好地预防触电事故,我们应该了解触电事故的分类、方式与规律。

1.触电事故分类

(1)电击

通常所说的触电指的是电击。电击是电流对人体内部组织的伤害,是最危险的一种伤害,绝大多数的触电死亡事故都是由电击造成的。

按照发生电击时电气设备的状态,电击分为直接接触电击和间接接触电击。前者是触及设备和线路正常运行时的带电体发生的电击,也称为正常状态下的电击;后者是触及正常状态下不带电,而当设备或线路故障时意外带电的带电体所发生的电击,也称为故障状态下的电击。

(2)电伤

电伤是由电流的热效应、化学效应、机械效应等效应对人造成的伤害。电伤分为电弧烧伤、电流灼伤、皮肤金属化、电烙印、机械性损伤、电光眼等伤害。电弧烧伤是由弧光放电造成的烧伤,是最危险的电伤。电弧温度高达8000℃,可造成大面积、大深度的烧伤,甚至烧焦、烧毁四肢及其他部位。

2.触电事故方式

按照人体触及带电体的方式和电流流过人体的途径,电击可分为单相触电、两相触电和跨步电压触电。

(1)单相触电

当人体直接碰触带电设备其中的一相时,电流通过人体流入大地,这种触电现象称为单相触电。对于高压带电体，人体虽未直接接触，但由于超过了安全距离，高电压对人体放电，造成单相接地而引起的触电，也属于单相触电。

（2）两相触电

人体同时接触带电设备或线路中的两相导体，或在高压系统中，人体同时接近不同相的两相带电导体，而发生电弧放电，电流从一相导体通过人体流入另一相导体，构成一个闭合回路，这种触电方式称为两相触电。发生两相触电时，作用于人体上的电压等于线电压，这种触电是最危险的。

（3）跨步电压触电

当电气设备发生接地故障，接地电流通过接地体向大地流散，在地面上形成电位分布时，若人在接地短路点周围行走，其两脚之间的电位差，就是跨步电压。由跨步电压引起的人体触电，称为跨步电压触电。

（二）直接接触电击预防技术

1. 绝缘

绝缘是用绝缘物把带电体封闭起来。电气设备的绝缘应符合其相应的电压等级、环境条件和使用条件；电气设备的绝缘不得受潮，表面不得有粉尘、纤维或其他污物，不得有裂纹或放电痕迹，表面光泽不得减退，不得有脆裂、破损，弹性不得消失，运行时不得有异味。绝缘的电气指标主要是绝缘电阻，用兆欧表测量。任何情况下绝缘电阻不得低于每伏工作电压1000Ω，并应符合专业标准的规定。

2. 屏护

屏护是采用遮栏、护罩、护盖、箱闸等将带电体同外界隔绝开来。屏护装置应有足够的尺寸，应与带电体保持足够的安全距离；遮栏与低压裸导体的距离不应小于0.8m；网眼遮栏与裸导体之间的距离，低压设备不宜小于0.15m，10kV设备不宜小于0.35m。屏护装置应安装牢固；金属材料制成的屏护装置应可靠接地（或接零）；遮栏、栅栏应根据需要挂标示牌；遮栏出入口的门上应根据需要安装信号装置和连锁装置。

3. 间距

间距是将可能触及的带电体置于可能触及的范围之外，其安全作用与屏护的安全作用基本相同。带电体与地面之间、带电体与树木之间、带电体与其他设施和设备之间、带电体与带电体之间均需保持一定的安全距离。安全距离的大小决定于电压高低、设备类型、环境条件和安装方式等因素。架空线路的间距须考虑气温、风力、覆冰和环境条件的影响。

在低压操作中，人体及其所携带工具与带电体的距离不应小于0.1m。

（三）间接接触电击预防技术

保护接地与保护接零是防止间接接触电击最基本的措施，正确掌握应用，对防止事故的发生十分重要。

1. IT系统（保护接地）

IT系统就是保护接地系统。IT系统的字母I表示配电网不接地或经高阻抗接地，字母T表示电气设备外壳接地。所谓接地，就是将设备的某一部位经接地装置与大地紧密连接起来。保护接地的做法是将电气设备在故障情况下可能呈现危险电压的金属部位经接地线、接地体同大地紧密地连接起来。其安全原理是：把故障电压限制在安全范围以内，以保证电气设备（包括变压器、电机和配电装置）在运行、维护和检修时，不因设备的绝缘损坏而导致人身伤害事故。

保护接地适用于各种不接地配电网。在这类配电网中，凡由于绝缘损坏或其他原因而可能呈现危险电压的金属部分，除另有规定外，均应接地。在380V不接地低压系统中，一般要求保护接地电阻$R_E \leq 4\Omega$。当配电变压器或发电机的容量不超过100kV·A时，要求$R_E \leq 10\Omega$。

2. TT系统

我国绝大部分地面企业的低压配电网都采用星形接法的低压中性点直接接地的三相四线配电网。这种配电网能提供一组线电压和一组相电压。中性点的接地R_N叫作工作接地，中性点引出的导线叫作中性线，也叫作工作零线。TT系统的第一个字母T表示配电网直接接地，第二个字母T表示电气设备外壳接地。

TT系统的接地R_E也能大幅度降低漏电设备上的故障电压，但一般不能降低到安全范围以内。因此，采用TT系统必须装设漏电保护装置或过电流保护装置，并优先采用前者。

TT系统主要用于低压用户，即用于未装备配电变压器，从外面引进低压电源的小型用户。

3. TN系统（保护接零）

TN系统相当于传统的保护接零系统。一般地，典型的TN系统PE是保护零线，RS叫作重复接地。TN系统中的字母N表示电气设备在正常情况下不带电的金属部分与配电网中性点之间，亦即与保护零线之间紧密连接。保护接零的安全原理是当某相带电部分碰连设备外壳时，形成该相对零线的单相短路；短路电流促使线路上的短路保护元件迅速动作，从而把故障设备电源断开，消除电击危险。虽然保护接零也能降低漏电设备上的故障电压，但一般不能降低到安全范围以内，其第一位的安全作用是迅速切断电源。TN系统分为TN-S、TN-C-S、TN-C三种类型，TN-S系统的安全性能最好，有爆炸危险的环境、火灾危险性大的环境及其他安全要求高的场所应采用TN-S系统；厂内低压配电的场所及民用楼房应采用TN-C-S系统。

（四）其他电击预防技术

1. 双重绝缘和加强绝缘

双重绝缘是指工作绝缘（基本绝缘）和保护绝缘（附加绝缘）。前者是带电体与不可触及的导体之间的绝缘，是保证设备正常工作和防止电击的基本绝缘；后者是不可触及的导体与可触及的导体之间的绝缘，是当工作绝缘损坏后用于防止电击的绝缘。加强绝缘是具有与上述双重绝缘相同水平的单一绝缘。具有双重绝缘的电气设备属于Ⅱ类设备。Ⅱ类设备的电源连接线应按加强绝缘设计。Ⅱ类设备在其明显部位应有"回"

形标志。

2. 安全电压

安全电压是在一定条件下、一定时间内不危及生命安全的电压。具有安全电压的设备属于Ⅲ类设备。安全电压限值是在任何情况下，任意两导体之间都不得超过的电压值。我国标准规定工频安全电压有效值的限值为50V。我国规定工频有效值的额定值有42V、36V、24V、12V和6V。凡特别危险环境使用的携带式电动工具应采用42V安全电压；凡有电击危险环境使用的手持照明灯和局部照明灯应采用36V或24V安全电压；金属容器内、隧道内、水井内以及周围有大面积接地导体等工作地点狭窄、行动不便的环境应采用12V安全电压；水上作业等特殊场所应采用6V安全电压。

3. 电气隔离

电气隔离是指工作回路与其他回路实现电气上的隔离。电气隔离是通过采用1∶1，即一次边、二次边电压相等的隔离变压器来实现。电气隔离的安全实质是阻断二次边工作的人员单相触电时电流的通路。电气隔离的电源变压器必须是隔离变压器，二次边必须保持独立，应保证电源电压≤500V、线路长度$L \leqslant 200m$。

4. 漏电保护（剩余电流保护）

漏电保护装置主要用于防止间接接触电击和直接接触电击。漏电保护装置也用于防止漏电火灾和监测一相接地故障。电流型漏电保护装置以漏电电流或触电电流为动作信号。动作信号经处理带动执行元件动作，促使线路迅速分断。

电流型漏电保护装置的动作电流分为0.006、0.01、0.015、0.03、0.05、0.075、0.1、0.2、0.3、0.5、1、3、5、10、20（单位：A）共15个等级。其中，30mA及30mA以下的属高灵敏度，主要用于防止触电事故；30mA以上、1000mA及1000mA以下的属中灵敏度，用于防止触电事故和漏电火灾；1000mA以上的属低灵敏度，用于防止漏电火灾和监视一相接地故障。为了避免误动作，保护装置的额定不动作电流不得低于额定动作电流的1/2。漏电保护装置的动作时间是指动作时的最大分断时间。快速型和定时限型漏电保护装置的动作时间应符合国家标准的有关要求。

（五）电气设备的安全使用

1.安全使用条件

（1）手持电动工具按电气安全保护措施分Ⅰ类、Ⅱ类、Ⅲ类共三类。Ⅱ类、Ⅲ类没有保护接地或保护接零的要求，Ⅰ类必须采取保护接地或保护接零措施。

（2）使用Ⅰ类设备应配用绝缘棒、绝缘鞋、绝缘垫等安全用具。

（3）在一般场所，为保证使用的安全，应选用Ⅱ类工具，装设漏电护器、安全隔离变压器等。否则，使用者必须戴绝缘手套，穿绝缘鞋或站在绝缘垫上。

（4）在潮湿或金属构架等导电性能良好的作业场所，必须使用Ⅱ类或Ⅲ类设备。在锅炉内、金属容器内、管道内等狭窄的特别危险场所，应使用Ⅲ类设备。

（5）移动式电气设备的保护零线（或地线）不应单独敷设，而应当与电源线采取同样的防护措施，即采用带有保护芯线的橡皮套软线作为电源线。

（6）移动式电气设备的电源插座和插销应有专用的接零（地）插孔和插头。其结构应能保证插入时接零（地）插头在导电插头之前接通，拔出时接零（地）插头在导申插头之后拔出。

（7）专用电缆不得有破损或龟裂，中间不得有接头。电源线与设备之间防止拉脱的紧固装置应保持完好。设备的软电缆及其插头不得任意接长、拆除或调换。

2.使用安全要求

（1）辨认铭牌，检查工具或设备的性能是否与使用条件相适应。

（2）检查其防护罩、防护盖、手柄防护装置等有无损伤、变形或松动。

（3）检查开关是否失灵、是否破损、是否牢固，接线有无松动。

（4）电源线应采用橡皮绝缘软电缆；单相用三芯电缆、三相用四芯电缆；电缆不得有破损或龟裂，中间不得有接头。

（5）I类设备应有良好的接零或接地措施，且保护导体应与工作零线分开；保护零线（或地线）应采用规定的多股软铜线，且保护零线（地线）最好与相线、工作零线在同一护套内。

3. 使用注意事项

工具外壳不能破裂，机械防护装置完善并固定可靠；插头、插座开关没有裂开；软电缆或软线没有破皮漏电之处；保护零线或地线固定牢靠，没有脱落；绝缘没有损坏等。

工具在接电源时，应由专业电工操作，并按工具的铭牌所标出的电压、相数去接电源。长期搁置不用的工具，使用时应先检查转动部分是否转动灵活，后检查绝缘电阻。工具在接通电源时，先进行验电，在确定外壳不带电时，应严格按操作规程和工具使用说明书操作，还应注意轻放，避免击打，防止损坏外壳或其他零件；移动时，应手握工具的机体，严禁拉电缆软线移动，以免擦破、割破和轧坏电缆软线；操作电钻、砂轮机工具时，不宜用力过大，以防过载，使用过程中发现异常现象和故障时，应立即切断电源，将工具完全脱离电源之后，才能进行详细的检查；按要求佩戴护目镜、防护服、手套等防护用品。工具的软电缆或软线不宜过长，电源开关应设在明显处，且周围无杂物，以方便操作。

三、设备吊装

1. 施工机械简介

施工机械主要为建筑、土石方、路面、桥梁工程施工服务，根据用途不同可分为以下几种。

（1）工程起重机械——塔式起重机、履带式起重机（图3-25）、汽车式起重机等。

（2）铲土运输机械——推土机、铲运机和平地机等。在土方工程中能自行完成铲土、运行、卸土三个过程。

（3）推土机在施工过程中，由机车上装设的推土装置（铲刀）来完成开挖、回填土方及其他散粒物料。一般以机车的功率来划分等级。

（4）铲运机是一种周期性分层切削的铲土运输机械，并兼有一定的压实作用和平地性能。按行走方式分履带机式和轮胎式两种。用铲斗容量区分等级。

图3-25　履带式起重机

（5）平地机一般用于道路平整、松土、扫雷、修理路基、边沟、推铺材料等作业。

（6）石料开采与加工机械——空压机、凿岩机、破碎机和分筛设备等，以供建筑工程所需大量石块以及各种规格碎石的开采与加工。

（7）空压机是将空气压缩成高压空气后供各类风动工具来开采凿岩的一种动力设备。

（8）挖掘机和装载机——土方工程中的主要施工机械。一般采用单斗挖掘和单斗装载，作业方式为循环（周期）作业式，连续作业式采用多斗挖掘机，以斗容量区分等级。

（9）桩工机械——将钢筋混凝土桩、钢管桩、钢板桩等打入土中。打桩机分为机械、蒸汽、内燃式以及电力桩机等，还可分为人工操纵、半自动式和自动式三种。

（10）路基路面机械——压路机、路面铣刨机、沥青混凝土摊铺机、混凝土拌和机等。用于路基土壤、路面铺筑材料的压实，混凝土运输，沥青混凝土路面的摊铺等。

2. 施工机具及设备现场安全控制的一般规定

（1）施工现场必须健全机械设备安全管理体制，完善机械设备安全责任制。

（2）机械设备操作人员应经过专门培训，熟悉机械性能，经考核合格，取得操作证，方可上岗操作。特别是起重机械上的起吊指挥和挂钩人员，场内机动车辆驾驶和高压容器操作人员等，必须按照国家关于特种作业人员安全技术培训考核管理规定的要求进行培训和考核，取得安全操作合格证后方可上岗操作。实习操作人员必须持有实习证，在有关人员现场指导下才能操作机具设备。

（3）各类施工机械的安全防护装置，必须严格按有关安全技术规定配置，并保证齐全有效。

（4）机械开动前，应先检测地面或基础是否稳固，转动部位是否充分润滑，制动器和离合器是否动作灵活。在运转中如果有异响、发热或其他故障应立即停车，切断电源或动力后进行检查。

（5）机械设备严禁超负荷使用、带病运转和在作业运转时进行维修。机械添加燃油或打开油口检查油量时，场地附近严禁烟火。

（6）施工现场应具备机械设备安全运行所需的道路、场地、供水供电等条件，夜间作业要有充足的照明。

（7）施工机械的操作人员应按规定戴防护用品。机械运转时不得用手触摸转动和传动部位。操作旋转机械时，严禁戴手套，留长发的操作人员应束发戴帽，工作时应精神集中并严禁吸烟。

（8）大型机械进入施工现场前，应查明行驶路线上桥梁的净空和承载能力以及横穿马路的架空线的净高。

（9）挖掘机及打桩机械在施工前由施工负责人摸清施工区域内地下管线的种类、走向以及埋深。

3. 起重机械"十不准"和"十不吊"

（1）十不准：无证不准驾驶；酒后不准操作；操作时不准闲聊和打瞌睡；外人不准进入驾驶室；吊钩不准过人头；作业时不准上下车；吊物时不准长时间悬空；安全装置不准当开关使用；升降、变幅、旋转三个动作不准同时开动；工作时不准维护、调整机器。

（2）十不吊：斜吊不吊；起重量不明不吊；散装物装得太满或捆扎不牢不吊；指挥信号不明不吊；吊物边缘锋利无防护措施不吊；吊钩上站人或浮放有活动物不吊；埋压地下的构件情况不明不吊；安全装置失灵不吊；光线阴暗看不清吊物不吊；六级以上强风影响施工安全不吊。

4. 塔式起重机常用机械通病

（1）路轨纵横向高低不平，路轨内积水、长草，轨道压板螺栓松动，轨道接头缝宽大于6mm以上，路轨接头处未填实等。

（2）路轨缓冲装置横向水平不平衡，高度不符合，夹轨钳残缺。

（3）卷扬机绳头固定不牢固，钢丝绳排列不齐，压扁现象较多。制动带厚度超标（磨损）。

（4）塔式起重机升降驾驶室卷扬机保养差，漏油，联轴节螺钉松动，弹性件缺损，弹塞保险不灵敏等。

（5）力矩限位与主钩超高限位失灵较为普遍，吊钩保险损坏，行走限位过桥装置不牢固，有的不起作用。

（6）驾驶室破损，门窗玻璃不齐，电线凌乱。

（7）司机与指挥不持证上岗较多，操作证过期、超期使用较多。

四、火灾爆炸

（一）常见的火灾爆炸事故

火灾爆炸事故，由于行业的性质、引起事故的条件等因素不同，其类型也不相同。但常见的火灾爆炸事故，从直接原因来看，主要有以下几种。

（1）由吸烟引起的事故。

（2）在使用、运输、存储易燃易爆气体、液体、粉尘时引起的事故。

（3）使用明火引起的事故。

（4）静电引起的事故。

（5）由于电气设施使用、安装、管理不当而引起的事故。

（6）物质自燃引起的事故。这方面常见的事故有煤堆的自燃，废油布等堆积引起的自燃等。

（7）雷击引起的事故。

（8）压力容器、锅炉等设备，如果带故障运行或管理不善时，都会发生事故。

（二）防火防爆的原理与基本技术措施

1. 防火防爆原理

（1）防火原理。引发火灾也就是燃烧的条件，即可燃物、助燃物（氧化剂）和点火源三者同时存在，并且相互作用。因此只要采取措施避免或消除燃烧三要素中的任何一个要素，就可以避免发生火灾事故。

（2）防爆原理。引发爆炸的条件是爆炸品（内含还原剂和氧化剂）或可燃物（可燃气、蒸气或粉尘）与空气混合物和起爆能量同时存在、相互作用。因此只要采取措施消除爆炸品或爆炸混合物与起爆能量中的任何一方，就不会发生爆炸。

2. 防止产生燃烧的基本技术措施

（1）消除着火源。可燃物（作为能源和原材料）以及氧化剂（空气）广泛存在于生产和生活中，因此，消除着火源是防火措施中最基本的措施。消除着火源的措施很多，如安装防爆灯具、禁止烟火、接地避雷、静电防护、隔离和控温、电气设备的安装应由电工安装维护保养、避免插座负荷过大等。工地工友有时为了方便，常常使用大功率的电器，这是需要经常检查的重要环节。

（2）控制可燃物。消除燃烧三个基本条件中的任何一条，均能防止火灾的发生。如果采取消除燃烧条件中的两个条件，则更具安全可靠性。控制可燃物的措施主要有如下几方面。

①以难燃或不燃材料代替可燃材料，如用水泥代替木材建筑房屋，彩钢瓦板房使用优良的阻燃材料；或降低可燃物质（可燃气体、蒸气和粉尘）在空气中的浓度，如在车间或库房采取全面通风或局部排风，使可燃物不易积聚，从而不会超过最高允许浓度。

②防止可燃物的跑、冒、滴、漏，对那些相互作用能产生可燃气体的物品，加以隔离、分开存放，临时工棚保持间隔距离等。保持工作场地整洁，避免积聚杂物、垃圾。

③易燃物的存放量和地点必须符合法规和标准，并要远离火源。

（3）隔绝空气。在必要时可以使生产置于真空条件下进行，或在设备容器中充装惰性介质保护，如在检修焊补（动火）燃料容器前，用惰性介质置换；隔绝空气储存，如钠存于煤油中，磷存于水中，二硫化碳用水封存放等。

（4）防止形成新的燃烧条件。设置阻火装置，如在乙炔发生器上设置水封回火防止器，一旦发生回火，可阻止火焰进入乙炔罐内，或阻止火焰在管道里的蔓延。在车间或仓库里筑防火墙或防火门，或在建筑物之间留防火间距，一旦发生火灾，不便形成新的燃烧条件，从而防止火灾范围扩大。

3. 防止爆炸的基本技术措施

（1）以爆炸危险性小的物质代替危险性大的物质。如果所用的材料都是难燃烧、不燃烧物质，或所用的材料都是不容易爆炸的，则爆炸危险性也会大大减少。

（2）加强通风排气。对于可能产生爆炸混合物的场所，良好的通风可以降低可燃气体（蒸气）或粉尘的浓度；对于易燃易爆固体，储存或加工场所应配置良好的通风设施，使起爆能量不易积累；对于易燃易爆液体，良好的通风除可以降低其蒸气和空气混合物的浓度外，也可使起爆能量不易积累。

（3）隔离存放。对相互作用能发生燃烧或爆炸的物品应分开存放，相互之间保持一定的安全距离，或采用特定的隔离材料将它们隔离开来。比如工地现场的乙炔瓶、氧气瓶存放要满足距离要求。

（4）采用密闭措施。对易燃易爆物质进行密闭存放，可以防止这些物质与氧气的接触，并且还可以起到防止泄漏的作用。

（5）充装惰性介质保护。对闪点较低或一旦燃烧、爆炸会出现严重后果的物质，在生产或贮存时应采取充装惰性介质的措施来保护，惰性介质可以起到冲淡混合浓度、隔绝空气的作用。

（6）隔绝空气。对于接触到空气就会发生燃烧或爆炸的物质，则必须采取措施，使之隔绝空气，可以放进与其不会发生反应的物质中，如储存于水、油等物质之中。

（7）安装监测报警装置。在易燃易爆的场所安装相应的监测装置，一旦出现异常就立即通过报警器报警，将信息传递到监测人员的监控器上，以便操作人员及时采取防范措施。

第六节 危大工程

本章前四节介绍了地铁工程自身工艺风险与对策,第五节介绍了施工作业风险,上述风险基本等同于住房和城乡建设部规定的危大工程的范围,还缺少周边环境风险。换句话说,工程业界基本认为风险主要分三个模块,第一是自身风险,第二是施工作业风险,第三是环境风险,自身风险和施工作业风险的应对措施要符合《危险性较大的分部分项工程安全管理规定》要求,自身风险和环境风险的应对措施要符合《城市轨道交通地下工程建设风险管理规范》GB 50652—2011 的要求。

在本节中将介绍危大工程的范围,而在下一章重点阐述地铁对周边环境的影响,即周边环境风险。

2018 年 5 月住房和城乡建设部审议通过了《危险性较大的分部分项工程安全管理规定》(建办质〔2018〕31 号)并予以发布,对危大工程范围和超过一定规模的危大工程范围进行了划分。这里摘录了危大工程范围和超过一定规模的危大工程范围,供读者参考。

一、危大工程范围

(一)基坑工程

(1)开挖深度超过 3m(含 3m)的基坑(槽)的土方开挖、支护、降水工程。

(2)开挖深度虽未超过 3m,但地质条件、周围环境和地下管线复杂,或影响毗邻建、构筑物安全的基坑(槽)的土方开挖、支护、降水工程。

(二)模板工程及支撑体系

(1)各类工具式模板工程:包括滑模、爬模、飞模、隧道模等工程。

(2)混凝土模板支撑工程:搭设高度 5m 及以上,或搭设跨度 10m 及以上,或施工总荷载(荷载效应基本组合的设计值,以下简称设计值)

10kN/m^2 及以上，或集中线荷载（设计值）15kN/m 及以上，或高度大于支撑水平投影宽度且相对独立无联系构件的混凝土模板支撑工程。

（3）承重支撑体系：用于钢结构安装等满堂支撑体系。

（三）起重吊装及起重机械安装拆卸工程

（1）采用非常规起重设备、方法，且单件起吊重量在 10kN 及以上的起重吊装工程。

（2）采用起重机械进行安装的工程。

（3）起重机械安装和拆卸工程。

（四）脚手架工程

（1）搭设高度 24m 及以上的落地式钢管脚手架工程（包括采光井、电梯井脚手架）。

（2）附着式升降脚手架工程。

（3）悬挑式脚手架工程。

（4）高处作业吊篮。

（5）卸料平台、操作平台工程。

（6）异型脚手架工程。

（五）拆除工程

可能影响行人、交通、电力设施、通讯设施或其他建、构筑物安全的拆除工程。

（六）暗挖工程

采用矿山法、盾构法、顶管法施工的隧道、洞室工程。

（七）其他

（1）建筑幕墙安装工程。

（2）钢结构、网架和索膜结构安装工程。

（3）人工挖孔桩工程。

（4）水下作业工程。

（5）装配式建筑混凝土预制构件安装工程。

（6）采用新技术、新工艺、新材料、新设备可能影响工程施工安全，尚无国家、行业及地方技术标准的分部分项工程。

二、超过一定规模的危大工程范围

（一）深基坑工程

开挖深度超过 5m（含 5m）的基坑（槽）的土方开挖、支护、降水工程。

（二）模板工程及支撑体系

（1）各类工具式模板工程：包括滑模、爬模、飞模、隧道模等工程。

（2）混凝土模板支撑工程：搭设高度 8m 及以上，或搭设跨度 18m 及以上，或施工总荷载（设计值）15kN/m^2 及以上，或集中线荷载（设计值）20kN/m 及以上。

（3）承重支撑体系：用于钢结构安装等满堂支撑体系，承受单点集中荷载 7kN 及以上。

（三）起重吊装及起重机械安装拆卸工程

（1）采用非常规起重设备、方法，且单件起吊重量在 100kN 及以上的起重吊装工程。

（2）起重量 300kN 及以上，或搭设总高度 200m 及以上，或搭设基础标高在 200m 及以上的起重机械安装和拆卸工程。

（四）脚手架工程

（1）搭设高度 50m 及以上的落地式钢管脚手架工程。

（2）提升高度在 150m 及以上的附着式升降脚手架工程或附着式升降操作平台工程。

（3）分段架体搭设高度 20m 及以上的悬挑式脚手架工程。

（五）拆除工程

（1）码头、桥梁、高架、烟囱、水塔或拆除中容易引起有毒有害气（液）体或粉尘扩散、易燃易爆事故发生的特殊建、构筑物的拆除工程。

（2）文物保护建筑、优秀历史建筑或历史文化风貌区影响范围内的拆除工程。

（六）暗挖工程

采用矿山法、盾构法、顶管法施工的隧道、洞室工程。

（七）其他

（1）施工高度 50m 及以上的建筑幕墙安装工程。

（2）跨度 36m 及以上的钢结构安装工程，或跨度 60m 及以上的网架和索膜结构安装工程。

（3）开挖深度 16m 及以上的人工挖孔桩工程。

（4）水下作业工程。

（5）重量 1000kN 及以上的大型结构整体顶升、平移、转体等施工工艺。

（6）采用新技术、新工艺、新材料、新设备可能影响工程施工安全，尚无国家、行业及地方技术标准的分部分项工程。

第四章 地铁施工引起的环境风险

第一节 影响形式

我们在风险与保险的章节讲过,保险认为对周边造成的安全事故属于第三方责任风险,主要包括地面坍塌、沉陷风险,周边建(构)筑物沉降、开裂风险,地下市政管网破坏风险。在第三章我们详细阐述了要做好地铁风险管理,最起码需要掌握的基础技术知识,当其中一项或多项工作没有到位时,就容易形成隐患,最终酿成事故。地铁施工中对周边影响最大的,主要还是基坑施工和区间隧道施工。

图 4-1、图 4-2 为某地铁配套开发工程施工,市政管线受损后,不断冲刷地层,导致市政道路塌陷。

图 4-1　市政道路塌陷(一)

图 4-2　市政道路塌陷（二）

在前文中介绍了××站事故，该事故不仅仅导致自身基坑垮塌，还引起了周边道路（××大道）塌陷，如图 4-3 所示。

图 4-3　××站周边道路（××大道）塌陷

第二节 风险分析

第一章风险概述中讲过风险管理的过程,那么具体的风险(这里主要指周边风险)分析怎么操作呢?下面通过一个案例,来看风险分析的过程。

一、工程概述

无锡地铁1号线胜利门站~三阳广场站区间盾构始发后即以 $R=300m$ 半径曲线穿越新雅都大酒店,新雅都大酒店建于20世纪70年代,原设计为四层单排柱内框架结构,采用柱下独立基础,砌体承重墙下为砌体条形基础。新雅都大酒店距胜利门站最小水平距离约6m,盾构隧道距新雅都大酒店基础底竖向距离约6m,如图4-4、图4-5所示。

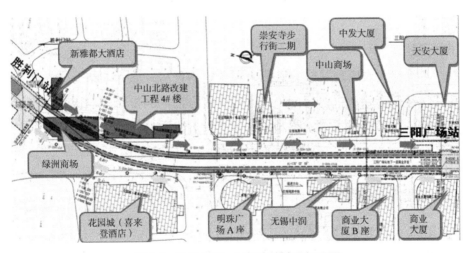

图4-4 胜利门站~三阳广场站区间平面

新雅都大酒店在20世纪90年代经2次改造加高为六层建筑,六层为舞厅,其外侧采用钢塑轻型墙板、屋顶为钢桁架,钢桁架两侧架设在新增的钢柱上。在第一次改造时为满足承载力要求对柱下独立基础进行

图 4-5 新雅都大酒店照片

了加固处理。

新雅都大酒店现状较为破旧,经鉴定为危房,原计划结合老城区改造将该建筑拆除后进行区间施工,后受多方面的因素影响,该建筑不能如期拆除。地铁施工多次扰动引起该建筑沉降变形,需采取有效措施保护该建筑安全,区间隧道与新雅都大酒店剖面关系如图 4-6 所示。

二、工程风险控制难点

1. 建筑物及基础情况

内框架是砖房和框架组成的混合承重结构,是由内外不同材料组成的复合结构。内框架结构分为单排柱、双排柱、多排柱,单排柱内框架砖房的破坏比双排柱和多排柱要严重得多。外墙破坏后,单排柱框架是不稳定体,不能单独承受水平和竖向荷载,现行设计规范不允许采用这类结构。新雅都大酒店结构平面及其柱下独立基础如图 4-7、图 4-8 所示。

第四章 地铁施工引起的环境风险

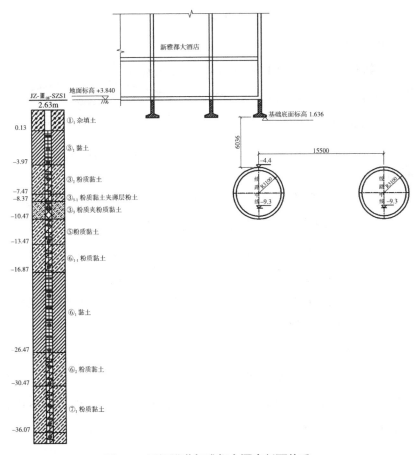

图 4-6 区间隧道与雅都大酒店剖面关系

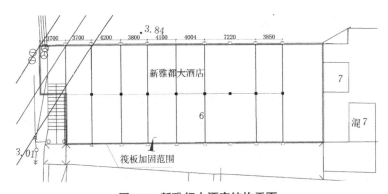

图 4-7 新雅都大酒店结构平面

新雅都大酒店结构特殊性体现在如下几方面。

（1）新雅都大酒店为单排柱框架结构，其整体性较差，抵抗差异沉降和倾斜的能力相对较弱。

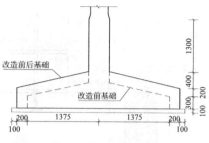

图 4-8　柱下独立基础

（2）2次加层，未对外围的砌体承重墙下方条形基础进行补强，已充分利用了原设计安全富余量。虽然对中间单排柱的柱下独立基础进行了加强，但对结构柱未进行加强，已充分利用了原设计的安全富余量。较大差异沉降引起内力重新分配，可能造成部分柱子内力过大而产生开裂等情况，或局部基础承载能力不足而影响结构安全。

（3）房屋建设年代久，已累积了沉降与变形，部分构件因老化而可能存在不同程度的破损。同时，房屋邻近车站，车站基坑施工过程中也产生了一定的沉降与变形。

（4）综合考虑新雅都大酒店的特点与实际情况，为避免施工过程中出现突发情况，施工引起的房屋沉降须控制在 10mm 以内，且不均匀沉降应小于 $0.001L$（L 为柱距）。

2. 工程地质与水文地质

穿越段地层分布主要为③$_1$硬塑黏土、③$_2$软塑～可塑粉质黏土、③$_{3-1}$软塑粉质黏土夹薄层粉土、③$_3$稍密～中密粉土夹粉质黏土、⑤软塑粉质黏土。⑤软塑粉质黏土层为软弱不良地层。③$_3$粉土夹粉质黏土层含微承压水，稳定水位标高为 –2.2m，该层地下水主要接受侧向径流和河水补给，排泄主要以侧向径流方式排出区外。

隧道位于③$_2$粉质黏土、③$_{3-1}$粉质黏土夹薄层粉土、③$_3$粉土夹粉质黏土及⑤粉质黏土层中，隧道穿越地层较差，对盾构施工过程中地层沉降控制不利。洞门范围分布有③$_3$粉土夹粉质黏土，该层土含微承压水，进出洞过程中存在渗漏、涌水突泥风险。

3. 建筑物与隧道关系对建筑物保护的不利影响

新雅都大酒店位于隧道侧上方，隧道与建筑物基础距离较近，隧道施工对基础影响大，易引起房屋不均匀沉降。小半径曲线盾构始发，盾构掘进姿态控制难度大，掘进过程中的超挖易引起过大的地层损失。

新雅都大酒店距车站端墙距离较近，不具备地面加固条件，需采取洞内水平冷冻加固，新雅都大酒店位于冷冻加固冻胀融沉影响范围内，冻胀融沉将造成房屋基础发生隆起或沉降。

根据《城市轨道交通地下工程建设风险管理规范》GB 50652—2011，主要从发生的概率和严重程度考量，得出该风险源为一级风险。风险等级的理论分析标准见表4-1。

风险等级标准　　　　　　　表4-1

可能性等级	损失等级	A 灾难性的	B 非常严重的	C 严重的	D 需考虑的	E 可忽略的
1	频繁的	Ⅰ级	Ⅰ级	Ⅰ级	Ⅱ级	Ⅲ级
2	可能的	Ⅰ级	Ⅰ级	Ⅱ级	Ⅲ级	Ⅲ级
3	偶尔的	Ⅰ级	Ⅱ级	Ⅲ级	Ⅲ级	Ⅳ级
4	罕见的	Ⅱ级	Ⅲ级	Ⅲ级	Ⅳ级	Ⅳ级
5	不可能的	Ⅱ级	Ⅲ级	Ⅳ级	Ⅳ级	Ⅳ级

三、风险控制方案

1. 盾构始发端头加固

据工程地质及施工条件，采用"洞内钻孔水平冻结加固＋水平长管棚超前支护"的施工方案，即在洞内利用水平冻结孔冻结加固地层，使洞门破除后洞口范围内土体冻结，形成圆柱体板块，强度高、封闭性好的冻结帷幕；为控制冻结过程中冻土层产生的融沉与冻胀影响，在冻结孔上部预留一排φ89@700卸压（注浆）孔：冻结期间根据卸压（注浆）孔内水土压力增长情况和建筑物沉降监测情况，卸除建筑物底板下方水土压力，解冻期间在上部预留卸压（注浆）孔内进行注浆，防止建筑物下沉。为控制地表沉降及减小冻结土体在冻结与解冻期间对建筑物的影响，在上方布置一排大管棚加固予以隔离保护。盾构始发端头加固如图4-9所示。

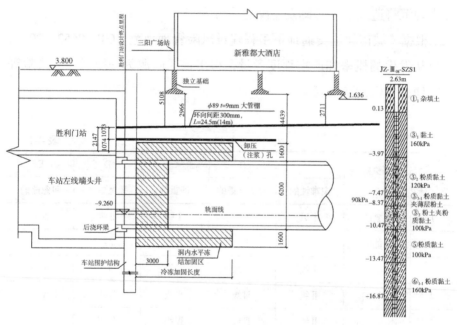

图4-9　盾构始发端头加固

2. 加强盾构施工控制，有效控制地层损失率

根据以往工程经验，盾构隧道施工地层损失率对地面沉降影响较大。地层损失率与地质条件、区间平纵断面、施工控制等多方面因素有关，通过加强施工控制，地层损失率可控制在0.1%~0.5%之间。新雅都大酒店在盾构始发端头冻结法加固的冻胀、融沉影响范围内，同时下穿建筑物段位于$R=300m$小半径平面曲线和$R=3000m$竖曲线上，施工难度大，

地层损失率易超过 2.5‰。表 4-2 为不考虑建筑物荷载影响，peck 公式计算不同地层损失率的地面最大沉降值。

地面沉降统计表　　　　　　　　　　　　　　　表 4-2

序号	地层损失率（‰）	计算地面最大沉降值（cm）
1	2.5	1.34
2	3.0	1.46
3	3.5	1.57
4	4.0	1.71
5	4.5	1.90
6	5.0	2.11

3. 采用筏板基础加固

（1）钢筋混凝土筏板

将新雅都大酒店一层靠近隧道附近的部分店铺临时停业疏散，然后新增一层混凝土筏板基础。对柱子外采用结构胶粘结钢板，钢板预先焊接锚筋，通过锚筋将筏板和柱子连接。砌体承重墙两侧设置边梁，砌体承重墙内设置销键，砌体承重墙通过销键将荷载传递至边梁，边梁与筏板浇筑成整体，如图 4-10、图 4-11 所示。

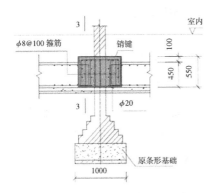

图 4-10　筏板与砌体墙连接大样

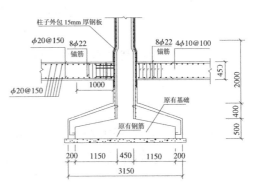

图 4-11　筏板与柱子连接大样

（2）微型钢管桩基础加强

新增筏板下设置微型钢管桩，以减小隧道施工引起的房屋沉降，根据建筑物与区间隧道关系、建筑物与冻结管、大管棚关系进行微型钢管桩平面布置。微型钢管桩采用 $\phi 219$ 钢管，可采用静压工艺或小型钻机进行施工。

（3）加固效果计算分析

采用计算软件 FLAC3D 对区间隧道施工进行建筑物影响分析，对比加强前后建筑物沉降与变形差异，如图 4-12、图 4-13 所示。

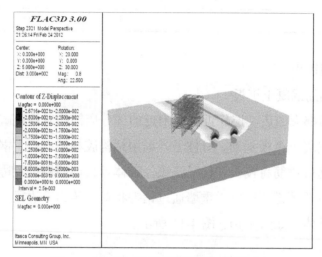

图 4-12　筏板加固前隧道施工影响计算分析

考虑建筑物荷载影响，不进行加固情况下，隧道施工引起的地层最大沉降为 26mm，建筑物最大沉降约 20mm，最大差异沉降为 $0.145\%L$。采用筏板加固情况下，隧道施工引起的地层最大沉降 20mm，建筑物最大沉降约 7.23mm，最大差异沉降为 $0.021\%L$。计算分析结果显示，筏板加固后，相对于加固前房屋的沉降得到有效控制。

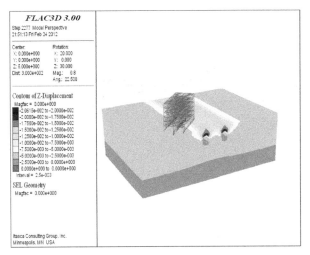

图 4-13 筏板加固后隧道施工影响计算分析

4. 预埋注浆管

在原柱下独立基础下方预留袖阀管注浆,以便隧道通过时能根据监测结果及时进行跟踪注浆(图 4-14)。

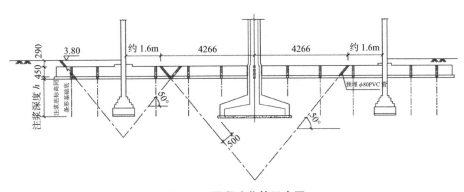

图 4-14 预留注浆管示意图

在管片上增加注浆孔,加强二次注浆,加强监测,根据监测情况必要的时候通过注浆孔进行管片注浆加固(图 4-15、图 4-16)。

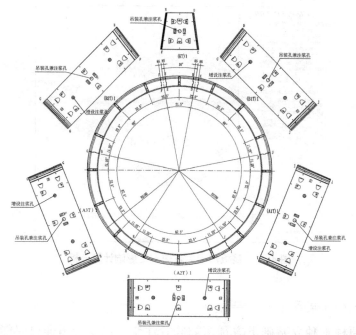

图 4-15　管片注浆孔布置示意图

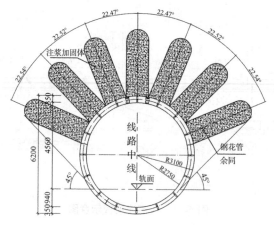

图 4-16　洞内注浆示意图

5. 加强洞门密封

需加强盾构始发掘进时的洞门处堵水效果，避免因地下水造成地面过大沉降。盾构进出洞之前，在洞门环内焊接两道盾尾刷，盾构机通过盾尾密封刷时在两道盾尾刷内封入足量盾尾油脂，形成有效的密封腔，有效防止地下水喷涌的发生（图 4-17、图 4-18）。

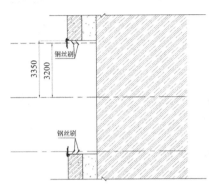

图 4-17　盾尾密封刷安装示意图　　图 4-18　盾构机通过盾尾密封刷时示意图

四、项目实施情况

因场地原因未能实施地面加固，其余措施均按照要求进行落实。为应对可能出现的意外情况，对建筑物安全进行了投保。在穿越前对建筑物内进行临时疏散，然后进行盾构始发与穿越施工，施工过程中加强施工控制。穿越施工中，采取连续监测，根据监测情况及时调整掘进参数、加强洞内注浆。安全完成穿越施工后，对沉降监测情况、建筑物的安全情况进行判定，对房屋进行必要的修复以确认安全，然后回迁居民。

第三节　容易忽略的情况

一、同步注浆

因为盾构的刀盘直径比盾构盾体大一点（一般为 9mm 的空隙），如果这部分的环形空隙没有及时填充或填充不实，就会引起地层变形，为了稳定盾构管片结构，增加管片防水效果，防止地面塌陷，一定要做好同步注浆的工作。当同步注浆效果不理想时，要采取二次注浆。

同步注浆跟加固一样是良心活，除了用料要实在之外，还要加强配比的研究，因为砂子材料价格上涨而降低砂子的配比，是不可取的做法。

二、端头井监测不实

另一个容易被忽视的是端头井的监测问题，端头井一般都会采取地面加固，反而容易造成监测数据不真实的现象，所以一定要注意沉降观测数据未必正确，要做好监测巡查，关注降水井、测斜等数据。

三、杂散电流

一般在地铁系统中，牵引供电系统都是采用直流方式，而不是交流方式，所以会产生杂散电流。在理想状态下，牵引电流由牵引变电所的正极出发，经过接触网（或接触轨）、电动列车和走行轨返回牵引变电所的负极。但问题在于走行轨与大地并不完全绝缘，这就导致一部分电流会渗流进入大地，这部分电流就是杂散电流。特别尴尬的是，因为国内地铁工期普遍较短，施工工艺把关不严，所以几乎大部分过轨电阻的数值都偏离规范要求很多，导致杂散电流问题普遍存在。

杂散电流不仅仅涉及物理，还涉及化学，目前的技术无法证明杂散电流到底在地下如何损害地铁本身和周边地下管线，但这种影响一定是存在的，而且影响较大，所以地铁业界应该加强对轨道专业的精心施工，提高工程质量。

第五章 地铁保护

第一节 地铁保护现状

为了控制建筑施工对地铁结构造成的影响,国内各地铁城市均在地铁保护条例中设置了安全保护区。一般情况下,安全保护区的设置范围如下(各城市略有出入):

(1)地下车站与隧道外边线外侧50m内;

(2)地面车站、高架车站以及线路轨道外边线外侧30m内;

(3)出入口、通风亭、变电站等建(构)筑物外边线外侧10m内。

依据相关文件规定,在地铁线路保护区内进行下列施工的,应当制订专项安全防护方案,其设计、施工和监测方案应当征得轨道交通运营方同意,施工期间应当服从轨道交通运营方的监督与管理。安全防护措施包括但不限于以下内容:

(1)新建、扩建、改建或拆除建(构)筑物;

(2)爆破、挖掘、地基加固、钻探、打桩、顶进、打井、抽水施工;

(3)大面积增加或减少载荷活动;

(4)过江(河)隧道段挖沙、疏浚河道;

(5)架设、埋设管线,地下坑道穿越轨道交通设施;

(6)移动、拆除和搬迁轨道交通设施;

(7)对轨道交通出入口、风亭、冷却塔、变电站等设施设备进行围圈施工;

(8)其他可能危害轨道交通设施安全与运营安全的行为。

地铁建成投运后,既有结构的日常养护管理便会成为后续工作的"主旋律",地铁结构设施在运营期主要会面临的问题有以下几个方面。

(1)随路网扩张控制保护区受控,违规项目日益增多。

随着地铁建设里程增长,控制保护区范围随之增长,控制保护区内受控监护项目与违规项目也随之不断新增,这些外界因素会引起地铁结构和设备设施变形。

地铁保护区内受控项目地基加固、基坑开挖以及盾构隧道施工时会对既有线路的设施结构产生影响。首先,根据时空效应理论,随着时间的增长结构变形会加剧;其次,在控制保护区内(含规划、在建和运营线路),未经地铁管理部门同意或方案未通过论证就先行搭建、勘探、堆土/卸载、钻探、抽排地下水,引起结构变形的现象时有发生。一旦既有结构发生沉降、收敛或是水平位移等变形,便会进一步引起结构病害、使用寿命缩短、影响行车安全等隐患。国内多个城市都发生了因控制保护区内违规施工导致地铁结构受损、变形及影响运营安全的严重事件。

(2)运营期结构变形加剧。

地铁结构和设备设施的变形除了人为施工因素,还包括地质不均匀、自然水土流失、施工后本体结构固结沉降、运营期列车振动以及结构渗漏水等因素。结构渗漏水主要由于密封条失效,施工质量问题或结构发生变形均会引起密封条失效,后者引发的渗漏水又会加剧结构变形,从而导致一个恶性循环。

(3)结构病害日益增多。

结构病害是地铁结构伤损最直观的表征现象,在长期的自然环境和使用环境双重作用下,地铁结构会出现不同程度的衬砌裂缝、变形以及渗漏水等病害。侵蚀性地下水渗漏进入产生裂缝的隧道结构中会导致隧道衬砌钢筋锈蚀、结构混凝土腐蚀等,严重破坏隧道结构的耐久性,从而影响隧道的安全使用性能。运营期间隧道结构出现病害不仅危及高速行车的安全与畅通,而且影响了隧道结构的使用寿命,甚至引发重大安全事故,导致巨大经济损失和不良社会影响。

（4）保护区监护项目信息与本体信息无法关联，结构安全现状无法直观把握。

在地铁洞内结构检查过程中可以获悉其本体病害、养修及空间位置信息；在保护区洞外巡查可以获悉其监护项目、违规项目及空间位置信息，然而实际日常生产过程中时常遇到的问题在于每当险情发生时无法把洞内外信息与危险源的地质、监测、标图等环境信息快速有效地结合，不能有效对洞内外信息进行关联，导致错过或不能及时采取有效的防范措施及应急处置。

第二节　周边活动对地铁的破坏方式

周边活动对地铁的破坏方式较多，常见的主要有如下几种。

（1）地质勘探等打孔作业未探明下方有地铁运营隧道，直接打穿盾构管片。据说国内最惊心动魄的一次是钻头钻破盾构管片前一分钟，地铁车辆刚刚驶过，也就是说迟一分钟，这辆列车就可能发生致命危险。

（2）临近地铁的基坑开挖，当设计考虑不周或施工不当时，可能会因为该基坑变形、支撑失效等原因造成地铁隧道变形，从而影响地铁运营。

（3）市政管线保护不到位也会影响地铁运营，比如前段时间发生的周边地铁物业项目施工造成雨水管破裂，从而引起市政道路坍塌、大水直接倒灌进地铁运营车站，差点影响市民出行，造成重大安全事件。

还有一些不太引人注意的破坏方式，比如地面堆土、静压桩施工等因素，具体详见本章第三节的案例分析。

第三节 案例分析

一、堆载造成地铁病害

在前两年笔者参与了同济大学刘学增博士关于堆土造成地铁病害的研究,刘博士和他的团队通过二维模型进行数值分析,建立包括地层、考虑管片接头的计算模型,如图 5-1 所示。隧道横断面位于 XZ 平面内,纵轴平行于坐标 Y 轴。模型 X 方向尺寸 120m,Y 方向尺寸为 12m,Z 方向尺寸为 35m。模型四周约束水平向位移,底部约束竖向位移,顶面为自由面。隧道顶部埋深 10m,外径 6.2m,管片厚度 0.35m,采用 C50 预制钢筋混凝土管片。隧道管片拟计算 10 环并采用六面体实体单元模拟并采用损伤本构模型,管片之间采用摩擦接触,并通过螺栓连接,螺栓采用梁单元模拟。模型土层共 11 层,土体采用摩尔—库伦模型,既有隧道衬砌强度为 C50,管片间连接螺栓为 M30、5.8 级高强度螺栓。堆土作用下,第一步对地层及隧道结构进行地应力平衡,以模拟隧道结构在堆土作用前的受力状态并将位移清零;第二步堆土,每次堆土高度递增 2m,即堆土高度 0m、2m、4m、6m、8m 五种工况。

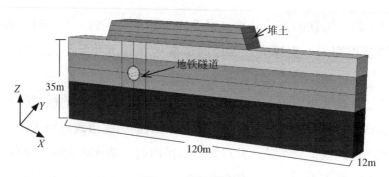

图 5-1 计算模型图

通过模型计算得到的结论是惊人的,堆土对地铁隧道变形的影响超乎人们的想象，当堆土超过 1m 时，地铁隧道的变形就会超过 10mm，直接超过地铁保护的控制值，关于这一点是业界很多人士没有想到的。

我们来看一个具体的案例。某地铁隧道为明挖隧道，负二层为站台层，负一层为站厅层（为地面层）。

地貌类型为冲洪积倾斜平原盆地边缘的剥蚀残丘，表层部分地段为松散的人工填土，上部地层为第四系中－下更新统冲洪积（Q_{2-1}^{al+pl}）黏土、粉土、粉砂土层，局部存在泥炭质黏土，线路最后上部为第四系全新统冲洪积（Q_4^{al+l}）黏性土、粉土、粉砂，围岩分级Ⅴ～Ⅵ，下卧二迭系阳新组灰岩（P1y）及二迭系倒石头组泥质粉砂岩（P1d），局部存在构造破碎带，灰岩层顶埋深 36.00～48.00m，岩溶发育，围岩分级Ⅳ～Ⅴ级。施工过程中，覆土位于隧道正上方如图 5-2 所示。

图 5-2　圆圈位置为隧道上部覆土位置

2016 年 12 月 2 日凌晨，某地铁站东外环区域发生沉降，最大沉降位于其 4 号线靠西广场变形缝一侧，沉降高度约为 3cm，局部轨顶风道出现了裂缝。车站 1#、3#、5# 道岔区段结构沉降变形。5# 道岔地基沉降严重，沉降缝横向贯通裂纹 1 条，隧道底部横向贯通裂纹 1 条（两条横向裂纹不在同一平面）；两侧边墙竖向裂纹 2 条；周边纵向裂纹共 4 条。

1#、3#道岔沉降量约7mm,5#道岔沉降量约15mm。经分析发现隧道沉降区域对应上部开展覆土施工,隧道区域无深基桩结构,且连续几天发生降雨(图5-3、图5-4)。

 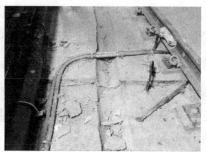

(a)沉降缝横向裂纹　　　　　(b)隧道底部横向裂纹

图5-3　横向裂纹

(a)边墙竖向裂纹　　　　　(b)道床纵向裂纹

图5-4　竖向和纵向裂纹

事件发生后,参建单位对沉降区域顶板上方的回填土方进行开挖卸载,阻止沉降的继续发展;对轨顶风道裂缝处(变形缝处)进行切割,使变形缝两侧结构完全脱离,阻止因结构内部拉应力致使规定风道裂缝的扩展;顶板上方回填土方开挖卸载完成后,在顶板上部补做箱涵结构,永久减轻上部荷载,如图5-5所示。

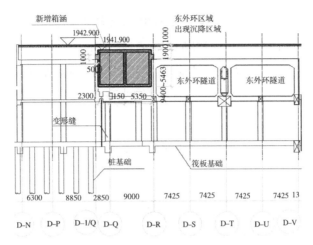

图 5-5　新增箱涵剖面图

采取上述处理措施后，监测数据显示车站东外环区域结构沉降趋于稳定。

二、静压桩造成地铁病害

静压桩施工过程中对桩周土体产生挤压，将桩周土颗粒向外挤开，并在桩周土体中形成较高的超孔隙水压力，挤土效应与超孔压效应共同作用，使邻近建筑物产生变形。近年，某工程在地铁运营隧道保护区内施工静压桩，造成盾构隧道产生最大 23mm 的偏移，该案例证明在地铁运营隧道保护区范围内施工静压桩存在非常大的风险。

无锡地铁 2 号线西起梅园地区，东至京沪高铁无锡站，长约 26.6km，沿线设站 22 处，是横贯市区东西的交通主动脉。2012 年开工建设，2014 年 12 月正式通车。其中，靖海公园站~广益站区间里程桩号为 YSK11+874.179 ~ YSK12+887.263，区间隧道采用盾构法施工，地铁隧道穿越土层主要为粉土、粉质黏土，隧道底埋深 15.0 ~ 21.0m。盾构管片以错缝形式拼接（图 5-6），衬砌环向分 6 块，1 个封顶块（K 型）、2 个邻接块（B 型）、3 个标准块（A 型）。管片为 C50 钢筋混凝土。

隧道管片环向接缝和纵向接缝采用 M30、5.8 级的高强螺栓连接。隧道管片内径 5.5m，外径 6.2m，管片厚 0.35m，宽 1.2m，隧道管片构造如图 5-7 所示，工程桩（管桩）及堆土与隧道的相对位置关系如图 5-8 所示。

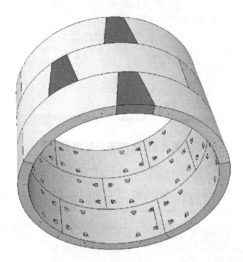

图 5-6　隧道管片错缝拼装图

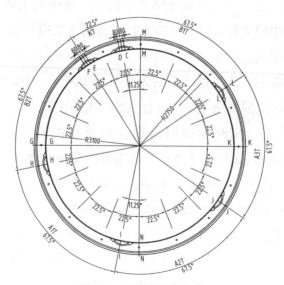

图 5-7　隧道管片构造图

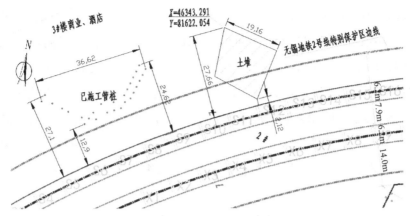

图 5-8 工程桩（管桩）及堆土与隧道的相对位置关系

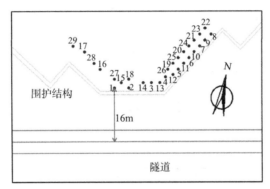

图 5-9 PHC 管桩、围护结构及隧道的位置关系

由于邻近建筑物 PHC 管桩试桩引起隧道结构产生水平位移、竖向位移以及收敛变形，并且上行线出现渗水情况。由图 5-8 可知，管桩与隧道上行线外边缘最近距离为 12.9m，最远距离 27.1m，管桩沿着隧道 36.6m 范围内分布，桩型为 PHC-600（110）AB-C80-10，11。现场巡视发现距隧道上行线结构外边线 2.1m 处地表有堆土，堆土面积约 291m^2，高度约 3m。PHC 管桩、围护结构及隧道的位置关系如图 5-9 所示。3#楼 PHC 管桩试桩施工时间为 2012 年 3 月 30 至 2012 年 4 月 1 日下午，2012 年 4 月 1 日监测报警，上行线中段测点 S7～S9 位置有新增渗漏

点；2012年4月2日监测到水平位移、竖向位移、收敛变形最大，其中水平位移最大值为23.7mm（向远离PHC管桩侧移动），竖向位移最大值为10.4mm（隆起），收敛变形最大值7.36mm（向内收敛）；2012年7月21日隧道病害现场调查结果，上行线隧道存在16处渗漏水病害，包括14处已经处理的渗漏水病害及2处未处理的渗漏水病害；下行线隧道存在6处未处理的渗漏水病害。上、下行线隧道渗漏水病害统计结果见表5-1、表5-2，上、下行线隧道病害照片及编号见表5-3、表5-4。

上行线隧道渗漏水病害统计结果　　　　　　　　表5-1

管片编号	部位	渗漏水描述	照片编号
608	拱顶	管片封顶块环缝存在湿迹	8129
609	拱顶	管片封顶块环缝存在已处理的漏水痕迹	8130
614	拱顶	管片封顶块环缝存在已处理的漏水痕迹	8128
617	左侧边墙	管片邻接块与标准块间纵缝及其与616、618间的环缝均存在已处理的漏水痕迹	8127
627	拱顶	管片封顶块环缝存在已处理的漏水痕迹	8126
630	拱顶	管片封顶块环缝存在已处理的漏水痕迹	8125
651	拱顶	管片封顶块环缝存在已处理的漏水痕迹	8124
653	拱顶	管片封顶块环缝存在已处理的漏水痕迹	8123
658	左侧边墙	管片邻接块环缝存在已处理的漏水痕迹	8122
662	右侧边墙	管片邻接块环缝存在已处理的漏水痕迹	8121
663	左侧边墙	管片标准块环缝存在已处理的漏水痕迹	8119
664	左侧边墙	管片标准块环缝漏水	8120
669	拱顶	管片封顶块两条环缝及右侧纵缝均存在已处理的漏水痕迹	8118
681	右侧边墙	管片邻接块与标准块间的纵缝存在已处理的漏水痕迹	8115
754	左侧边墙	管片标准块环缝存在已处理的漏水痕迹	8116

下行线隧道渗漏水病害统计结果　　　　　　　　表5-2

管片编号	部位	渗漏水描述	照片编号
678	右侧边墙	管片环缝存在湿迹	8131

续表

管片编号	部位	渗漏水描述	照片编号
679	右侧边墙	管片标准块与邻接块间纵缝存在湿迹	8131
690	右侧边墙	管片环缝存在湿迹	8132
691	拱顶	管片封顶块与邻接块间纵缝存在湿迹	8133
691	右侧边墙	管片标准块与邻接块间纵缝存在湿迹	8132
817	左侧边墙	管片环缝处注浆孔渗水	8134

上行线隧道病害照片及编号　　　　表5-3

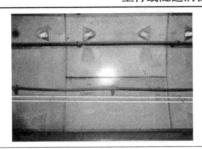

照片编号：8115

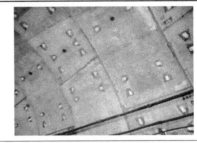

照片编号：8116

照片编号：8118

照片编号：8119

照片编号：8120

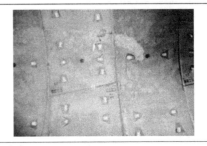

照片编号：8121

续表

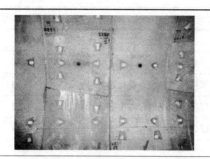

照片编号：8122

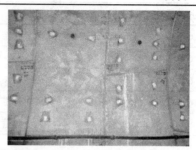

照片编号：8123

照片编号：8124

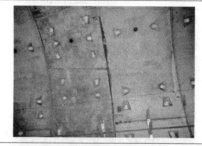

照片编号：8125

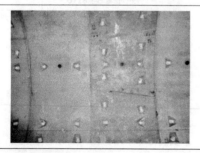

照片编号：8126

照片编号：8127

照片编号：8128

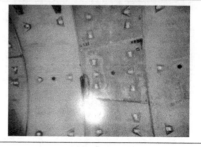

照片编号：8129

续表

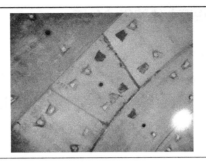

照片编号：8130

下行线隧道病害照片及编号　　　　　　　　表 5-4

照片编号：8131

照片编号：8132

照片编号：8133

照片编号：8134

事故发生后，同济大学刘学增博士专门对事故成因进行了学术分析（具体可参见文献 [2]）。总的来说，在软土地区，由于挤土效应、空隙水压力传递等因素，静压桩施工对盾构影响非常大，需要慎重考虑。

三、盾构施工对地铁既有线路影响分析

在正线运营之后才开始的延长线施工,既面临自身存在的风险,还需谨慎考虑对既有运营线路的影响,工程风险一旦发生,极大可能影响市民出行,造成恶劣的社会影响。本案例分析试图通过对无锡地铁1号线南延工程采取的技术措施和管理措施进行阐述,推动风险应对策略的进一步提升。

(一)工程概况

无锡地铁1号线南延工程起自1号线终点站长广溪站,长广溪站为1号线停车场出入场线接轨站。1号线南延工程长广溪站~雪浪坪站区间全长约1220双线延长米,区间出长广溪站后向南下穿运营的1号线出入场线和大量低矮建筑后进入雪浪坪站,采用盾构法施工。

长广溪站南端紧邻杨墅河,站后出入场线围护结构止水帷幕距离区间盾构隧道最小水平距离仅0.45m,同时盾构洞门附近分布较厚的含微承压水粉土层。地铁1号线南延工程长广溪站盾构施工条件复杂,施工过程中一旦出现涌水涌砂情况将直接影响地铁1号线运营安全。

(二)长广溪站预留盾构施工条件及工程风险分析

在安全风险上,严格按照《城市轨道交通地下工程建设风险管理规范》GB 50652—2011对该工程进行分级管控,主要通过对其重要性和发生概率分析,将其列为一级风险管控项目。

1. 长广溪站预留盾构施工条件

长广溪站为地下二层岛式车站,车站位于震泽路与蠡湖大道路口东南侧,站后设置雪浪停车场出入场线,其中雪浪停车场出入场线为单层双洞明挖暗埋矩形结构。长广溪站南端明挖段为双层三跨框架结构,两侧为左、右线正线结构,中间一跨为出入场线。长广溪站南端左、右线预留盾构吊装孔,已采用钢筋混凝土预制板进行封堵。长广溪站南端盾构井内,左、右线盾构井与出入段线之间各有2跨隔墙未封闭,盾构井

后至正线与出入段线之间的隔墙为砌体墙（图 5-10）。

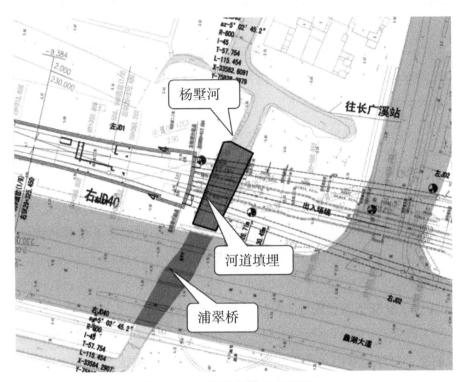

图 5-10　长广溪站南端区间平面图

杨墅河位于长广溪站南侧，河口距车站端墙 7m。右线处杨墅河口宽 17m、河口距车站端墙 5m，左线处杨墅河口宽 20.6m，区间隧道顶距杨墅河现状河底约 4.955m。

2. 长广溪站紧邻运营线路盾构施工风险分析

区间盾构在长广溪站紧邻运营线路施工作业存在如下风险。

（1）洞门处分布较厚的黏质粉土层，该层渗透系数为 1.8×10^{-4}cm/s，具有微承压水。洞门紧邻杨墅河，进出洞施工控制不到位易发生洞门渗漏甚至河水涌入隧道内的风险。

（2）1 号线南延线区间隧道与雪浪停车场出入场线结构与围护桩距

离较近，区间隧道侧面端头加固宽度较小，若加固体与出入场线止水帷幕间的冷缝处理存在薄弱处或出入场线止水帷幕存在薄弱处，则进出洞施工过程中易发生洞门渗漏。

（3）长广溪站为运营车站，若盾构施工过程中发生渗漏则将严重影响车站运营部分和左、右线盾构井之间的出入场线运营安全，从而造成不良社会影响。

（4）左、右线盾构井与出入场线之间各存在两跨孔洞未封闭，盾构施工过程中存在设备或坠物影响出入场线限界、设备及管线安全的隐患。

（5）长广溪站和出入场线为运营线路，长广溪站站端的盾构施工作业中存在的盾构吊装荷载、车辆运输荷载、端头加固施工荷载和扰动、盾构隧道施工扰动等对长广溪站、出入场线结构受力和变形存在一定的影响。

（三）紧邻运营线路施工风险控制技术措施

为确保长广溪站盾构进出洞安全、减小对地铁 1 号线运营安全影响、控制施工对车站和出入场线结构影响，应采取如下措施。

（1）从尽量减小盾构施工对既有运营车站影响角度考虑，合理确定盾构施工工筹。

根据 1 号线南延工程全线工筹，利用长广溪站预留吊装始发掘进至雪浪坪站可很好地匹配雪浪坪站工期。考虑到在长广溪站进行盾构始发，对车站和出入场线影响时间长，风险和安全管理难度大，经综合考虑最终确定在雪浪坪站盾构始发。为达到区间盾构尽早始发的目的，雪浪坪站集中资源优先完成盾构井结构，区间盾构采用分体始发方式。

（2）施工前对邻近盾构隧道的河道进行回填，以满足盾构端头加固施工要求，并减小洞门渗漏或河水涌入车站内的风险。为满足河道过水要求，在回填土内埋设 2 根 $\phi 2m$ 的排水管。

（3）加强盾构接收端头加固接缝和既有出入场线围护止水帷幕补充

加固处理。

盾构接收端头加固采用三轴搅拌桩结合旋喷桩进行处理，根据盾构机设备尺寸，加固长度按不小于盾构机长度+1环宽管片环宽考虑。因靠近车站端墙附近区间盾构隧道距离出入场线围护桩距离较近，盾构隧道外侧三轴加固体宽度不足1m，难以满足盾构接收安全要求。为减小盾构接收风险，采用三管旋喷桩对三轴搅拌桩端头加固体与出入场线围护止水帷幕间冷缝进行处理；出入场线钻孔桩桩间采用三管旋喷桩进行加固处理，并埋设袖阀管进行注浆加固堵水，施工时需控制旋喷桩与袖阀管注浆压力以减小对出入场线的影响（图 5-11、图 5-12）。

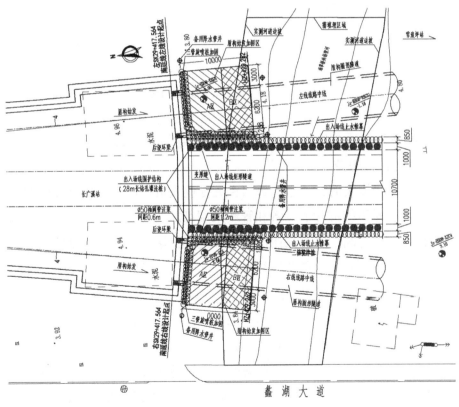

图 5-11 长广溪站端头加固平面图

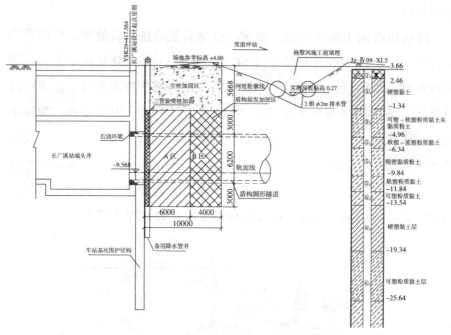

图 5-12 长广溪站端头加固剖面图

（4）为防止盾构接收过程中可能发生的渗漏对已运营部分产生影响，采用钢套箱接收工艺。

（5）盾构接收前，请运营部门相关专业人员提前拆除盾构井内的设备和管线，对不能拆除的设备和管线采用可靠的安全防护措施。对盾构井与出入场线之间的孔洞采用混凝土墙进行封堵，为避免封堵墙施工对邻近出入场线限界、设备及管线影响，邻近出入场线侧采用化学锚栓将钢模板固定在底板和中板纵梁上，施工后定期对钢模板进行防腐处理。为防止施工人员进入长广溪站运营区域，按照运营管理部门的要求在施工区域和运营区之间设置安全隔离墙。

（6）合理进行盾构吊装、端头加固施工场地布置，优化施工运输车辆行走路线，减小施工荷载对长广溪站和出入场线结构受力影响。

（7）施工过程中加强对长广溪站和出入场线的监测，出入场线采用自动化连续监测。

（四）实际施工管理过程与结果

盾构实施同时组织建立施工单位、监理单位、地铁运营公司、地铁建设公司联合应急组织架构。

1. 日常巡查

（1）与施工单位建立应急联络机制，施工现场监护组派专人24h值班，与长广溪站车控室保持通信通畅，将异常情况及时通告车控室行车值班员，由行车值班员汇报调度中心。

（2）当遇到涌水突发情况时，由现场监护负责人第一时间把情况汇报车控室，由行车值班员汇报调度中心，调度中心根据现场的实际影响下令启动应急预案，指挥各级人员赶赴现场，按照预案要求进行抢险救援。

（3）先期由现场监护负责人与施工单位、建设单位现场负责人联络，传递信息至车控室，现场抢险负责人到场后，统一听抢修负责人指挥。

2. 应急物资准备

（1）车站负责在长广溪站南端端门位置准备200袋砂袋，便于抢险时取用。

（2）通号车间负责准备好2台转辙机作更换备用。

（3）给水排水专业提前准备6台应急水泵运输至长广溪站，进行人工引流。

（4）客运部站务中心准备10台手持台在长广溪站备用。

3. 行车措施

（1）长广溪站采用站前折返，站后折返线至雪浪停车场不安排行车，施工开始前雪浪停车场列车全部回西漳车辆段。

（2）每日电客车全部由西漳车辆段收发。

（3）运营服务水平降至8min间隔。

（4）夜间正线施工时间由原来的00:00～04:00调整为01:00～03:30。

4. 排水措施

长广溪站端头井及雪浪停车场出入场线共设置8台排水泵，水泵功率11kW，排水量$25m^3/h$，车站轨行区范围设置废水泵2台，排水量$25m^3/h$，电缆夹层排水泵2台，排水量$10m^3/h$。为应对可能出现的大流量倒灌情况，给水排水专业对现场8台水泵进行检查，确保设备状态良好；对车站废水泵房进行改造，增设大功率水泵，提高排水能力；调集6台防汛抢险专用水泵，将水泵、配套水带及电缆卷盘放置于轨行区设备房处以应对突发情况。

经过合理的安排，长广溪站盾构接收紧紧围绕着风险概率与风险量的关系部署，一是在盾构施工本身角度，增加了盾构接收加固体长度、选用了钢套箱法接收等保障措施，有效降低了盾构接收的风险概率，二是合理进行运营调度、加强应急物资设备投入，降低了风险量，保障了运营的安全，最终在精心组织策划下，盾构机于2016年4月顺利抵达长广溪站，为无锡地铁1号线南延线建设画上了圆满的句号。

第六章　风险预警

地铁风险预警可分为监测预警、巡视预警和综合预警三类。

第一节　监测预警

监测预警是依据施工过程中监测点的实际监测值与设计单位提出的监控量测控制指标值（包括变形量、变化速率"双控值"）进行对比，确定监测对象（工程本体、周围岩土体或周边环境）不安全程度的预警。各项预警控制值、预警级别的划分见表6-1～表6-5（仅供参考）。

各项控制值参考表（一）　　　表6-1

监测项目		基坑设计安全等级							
		一级			二级			三级	
		累计值（mm）		变化速率（mm/d）	累计值（mm）		变化速率（mm/d）	累计值（mm）		变化速率（mm/d）
		绝对值	相对基坑深度H值		绝对值	相对基坑深度H值		绝对值	相对基坑深度H值	
支护桩（墙顶竖向位移）	土钉墙、喷锚支护、水泥土墙	—	—	—	50	0.5%	3	60	0.6%	4
	钢板桩、型钢水泥土墙	25	0.2%	2	30	0.3%	3	50	0.5%	4
	灌注桩、咬合桩、地下连续墙	20	0.15%	2	30	0.25%	3	40	0.4%	3
支护桩（墙顶水平位移）	土钉墙、喷锚支护、水泥土墙	—	—	—	50	0.5%	3	60	0.6%	4

续表

监测项目		基坑设计安全等级								
		一级			二级			三级		
		累计值(mm)		变化速率(mm/d)	累计值(mm)		变化速率(mm/d)	累计值(mm)		变化速率(mm/d)
		绝对值	相对基坑深度H值		绝对值	相对基坑深度H值		绝对值	相对基坑深度H值	
支护桩(墙顶水平位移)	钢板桩、型钢水泥土墙	25	0.2%	2	30	0.3%	3	50	0.5%	4
	灌注桩、咬合桩、地下连续墙	20	0.15%	2	30	0.25%	3	40	0.4%	3
深层水平位移	水泥土墙 坚硬~中硬土	—	—	—	—	—	—	50	0.5%	4
	水泥土墙 中软~软弱土	—	—	—	—	—	—	60	0.6%	4
	钢板桩、型钢水泥土墙 坚硬~中硬土	—	—	—	40	0.25%	3	50	0.4%	4
	钢板桩、型钢水泥土墙 中软~软弱土	30	0.2%	2	45	0.3%	3	60	0.5%	4
	灌注桩、咬合桩、地下连续墙 坚硬~中硬土	30	0.15%	2	40	0.3%	3	50	0.4%	4
	灌注桩、咬合桩、地下连续墙 中软~软弱土	35	0.2%	3	50	0.4%	4	60	0.7%	5
立柱结构竖向位移	明挖法	20	—	2	20	—	3	20	—	3
	盖挖法	10	—	2	10	—	3	10	—	3
基坑周边地表竖向位移	坚硬~中硬土	30	0.15%	2	35	0.25%	3	40	0.5%	4
	中软~软弱土	40	0.2%	3	50	0.3%	4	60	0.6%	5
坑底隆起(回弹)		25	—	3	25	—	3	30	—	4

注：1. 累计值取绝对值和相对基坑深度H值两者的小值；
   2. 支护桩(墙)隆起控制值宜为20mm。

各项控制值参考表（二）　　　　表 6-2

监测项目	基坑设计安全等级		
	一级	二级	三级
土压力	$(60\% \sim 70\%)f_1$	$(70\% \sim 80\%)f_1$	$(70\% \sim 80\%)f_1$
孔隙水压力			
支护墙结构应力	$(60\% \sim 70\%)f_2$	$(70\% \sim 80\%)f_2$	$(70\% \sim 80\%)f_2$
立柱结构应力			
支撑轴力	最大值：$(60\% \sim 70\%)f$	最大值：$(70\% \sim 80\%)f$	最大值：$(70\% \sim 80\%)f$
锚杆、锚索拉力	最小值：$(80\% \sim 100\%)f_y$	最小值：$(80\% \sim 100\%)f_y$	最小值：$(80\% \sim 100\%)f_y$

注：f_1 为荷载设计值，f_2 为构件承载能力设计值，f 为支撑轴力设计值，f_y 为锚杆的预应力设计值。

盾构法隧道地表沉降监测项目控制值　　　　表 6-3

监测项目及岩土类型		工程监测等级					
		一级		二级		三级	
		累计值(mm)	变化速率(mm/d)	累计值(mm)	变化速率(mm/d)	累计值(mm)	变化速率(mm/d)
地表沉降	坚硬~中硬土	20	2	30	3	40	4
	中软~软弱土	25	2	35	3	45	5
	地表隆起	10	2	10	3	10	3

注：本表主要适用于标准断面的盾构法隧道工程。

盾构法隧道管片结构竖向位移、净空收敛监测项目控制值　　　　表 6-4

监测项目及岩土类型		累计值 (mm)	变化速率 (mm/d)
管片结构沉降	坚硬~中硬土	20	2
	中软~软弱土	30	3
管片结构差异沉降		$0.04\%L_s$	—
管片结构净空收敛		$0.5\%D$	3

注：L_s 为沿隧道轴向两监测点间距，D 为隧道开挖直径。

预警级别　　　　　　　　　　　　　　　　　　　　　表6-5

预警级别	预警状态描述
黄色预警	"双控"指标（变化量、变化速率）均超过监控量测控制值（极限值）的65%时，或双控指标之一超过监控量测控制值的80%时
橙色预警	"双控"指标均超过监控量测控制值的80%时，或双控指标之一超过监控量测控制值时
红色预警	"双控"指标均超过监控量测控制值，或实测变化速率是变化速率控制值的1.5倍以上

第二节　巡视预警

巡视预警是施工过程中通过现场巡视和分析，对工程自身或周边环境因存在安全隐患或处于不安全状态而进行的预警。巡视预警参考表见表6-6、表6-7。

明挖基坑巡视预警参考表　　　　　　　　　　　　　表6-6

巡视内容		巡视状况描述	安全状态评价			
			正常	黄色预警	橙色预警	红色预警
开挖面土质情况	土层性质及稳定性状况	支撑或锚杆周围土体塌落范围大，严重影响围护体系的稳定				★
		土体塌落范围较大，影响围护体系的稳定			★	
		其他部位，土体塌落范围较小，仅局部影响围护体系发挥，但不影响稳定		★		
		导致桩（锚、土钉）无法钻进、成孔等，影响施工工艺适应性和设计功能需求			★	
	开挖面土体渗漏水情况	大股涌水并带砂，或导致周边地面局部塌陷				★
		大股涌水，影响边坡稳定，有恶化情形				★
		小股涌水，引起边坡较大变形，暂时稳定			★	
		小股涌水，未引起边坡变形	★			

续表

巡视内容		巡视状况描述	安全状态评价			
			正常	黄色预警	橙色预警	红色预警
开挖面土质情况	地下水控制效果	抽水持续出砂，附近地面有明显沉陷			★	
		地下水位降不下去，施工安全性受到影响		★		
		降水系统能力不足		★		
支护结构体系	渗漏水情况	大股涌水并带砂，或导致周边地面局部塌陷				★
		大股涌水，影响边坡稳定，有恶化情形				★
		小股涌水，引起边坡较大变形，暂时稳定			★	
		小股涌水，未引起边坡变形	★			
	支护体系开裂、变形变化情况	安全风险较高部位（如阳角、明暗挖结合等关键部位）支护与背后土出现脱开，且有扩大情形			★	
		其他部位支护与背后土出现脱开，且有扩大情形		★		
		安全风险较高部位（如阳角、明暗挖结合等关键部位）支护与背后土出现脱开，暂无扩大情形		★		
		支撑明显扭曲变形				★
		支撑目视可见变形、移位			★	
		锚头滑脱或损坏			★	
		施工造成腰梁混凝土开裂、与土脱开、有扩大情形			★	
		施工造成腰梁混凝土开裂、与土脱开，暂无扩大情形		★		
		开挖施工造成面层开裂，有扩大情形			★	
		开挖施工造成面层开裂，暂无扩大情形		★		
		施工造成冠梁与桩身较大脱开，或护壁开裂，且有扩大情形				★
		施工造成冠梁开裂，或施工造成护壁开裂，暂无扩大情形		★		

续表

巡视内容		巡视状况描述	安全状态评价			
			正常	黄色预警	橙色预警	红色预警
支护结构体系	支护体系施工质量缺陷	支撑装设、螺栓衔接、焊接或围檩、支撑补强不符规定		★		
		其他部位出现断桩、严重夹泥		★		
	支护体系施作及时性情况	支撑（或锚杆、土钉）施作不及时		★		
	基坑开挖面暴露时间	开挖面暴露时间过长，局部土体出现剥落、开裂，支护产生较大变形			★	
		开挖面暴露时间过长，局部土体出现剥落、开裂		★		
		开挖面暴露时间过长，支护产生较大变形		★		
	工序	工序不符合施工组织设计，引起土体、支护体系出现较大位移			★	
		工序不符合施工组织设计，影响工程和周边环境的安全性			★	
		工序不符合施工组织设计		★		
	超挖	靠近围护侧，大范围内超挖超过1m，一定程度上影响支护结构或周围土体的稳定			★	
		靠近围护侧，局部超挖超过1m，其他位置大范围超挖超过1m		★		
		其他位置大范围超挖超过1m		★		
基坑周边环境	基坑影响区域内超载情况	基坑强烈影响区荷载超出设计，围护受力变化大，支护体系产生不利影响			★	
		基坑强烈影响区外荷载超出设计，围护受力变化较大，支护体系产生不利影响		★		
	地表积水	强烈影响区大面积积水，地面硬化不完善，且截排水系统不完善，流入开挖区或下渗、冲刷或淘空，或引起支护结构受力变化，可能严重影响安全系数			★	
		显著影响区大面积积水，地面硬化不完善，且截排水系统不完善，地表水下渗，影响安全系数		★		

第六章 风险预警

盾构区间巡视预警参考表　　　　　　　　　　表 6-7

巡视内容	巡视状况描述	安全状态评价			
		正常	黄色预警	橙色预警	红色预警
铰接密封情况	严重漏水				★
	滴水~小股流水			★	
	渗水~滴水		★		
管片破损情况	严重破损（对隧道安全影响严重，立刻停工组织专业人员抢修）				★
	较严重破损（对隧道安全影响较大，需要立即修复）			★	
	一般破损（对隧道安全影响较小，今后修复即可）		★		
管片错台情况	>15mm				★
	>10~15mm			★	
	5~10mm		★		
管片渗漏水情况	流水				★
	滴水~小股流水			★	
	渗水~滴水		★		
盾尾漏浆状况	浆液剧烈喷出（喷出长度≥0.5m）				★
	浆液喷出（喷出长度<0.5m）			★	
	一般流浆		★		
测量基点情况核查	>10″				★
	5″~10″			★	
	3″~5″		★		

注：1. 表6-6、表6-7为参考表，表中的内容可以根据工程实际情况确定监测巡视内容，并进行增减，实际执行中制定报警级别；

2. 表中★代表巡视状况所对应的预警级别。

第三节　综合预警

综合预警是通过进一步分析监测预警和巡视预警的级别、数量及分布范围、事故发展等情况，综合判定出风险工程的不安全状态而进行的预警。综合预警宜通过现场核查、会商和专家论证等确定。综合预警等级的判定可参见表 6-8。

综合预警等级判定表　　　　　　　　　　　　表 6-8

综合预警等级	基本条件（安全风险状态）	参考指标	
		监测预警	巡视预警
黄色预警	存在较高风险	橙色或红色	黄色
橙色预警	存在较高风险，且出现危险征兆	橙色或红色	橙色
红色预警	风险不可控或出现严重危险征兆	橙色或红色	红色

第四节　预警响应

预警发生后，第三方监测单位应根据建设单位监测预警管理办法的要求，第一时间进行预警信息反馈，并组织力量配合现场制订和落实预警加密监测方案，同时收集和汇总施工监测和第三方监测的监测数据和巡视信息，形成预警信息分析报告，供监测预警分析会使用。

针对监测报警情况，总监理工程师应及时组织召开监测报警分析会。参会人员一般包括现场业主代表、监理单位总监、设计单位专业负责人、施工单位项目经理和项目技术负责人、第三方监测单位技术（或现场）负责人、施工方监测单位项目负责人。

针对报警原因、后续施工控制措施、加密监测工作等进行研究讨论，形成会议纪要并上传远程监控平台，同时抄送轨道交通公司的工程管理部门、设计部、安全管理部。基坑常见监测预警原因汇总见表 6-9，盾构法区间监测预警原因汇总见表 6-10。

基坑常见监测预警原因汇总　　　　　　　　　　　表 6-9

序号	项目内容	预警原因
1	地表竖向位移	基坑周边荷载较大、基坑超挖、基坑支撑架设不及时、围护结构出现渗漏、基坑底部出现涌水涌砂、基坑周边回填土不密实、基坑降水等
2	管线竖向位移	基坑周边荷载较大、基坑超挖、基坑支撑架设不及时、围护结构出现渗漏、基坑底部出现涌水涌砂、基坑周边回填土不密实、基坑降水等
3	墙（桩）顶竖向位移	基坑周边荷载较大、围护结构漏水漏砂、基坑底部出现涌水涌砂、坑内土体回弹
4	墙（桩）顶水平位移	基坑周边荷载较大、基坑支撑架设不及时、围护结构出现渗漏、基坑底部出现涌水及涌砂等
5	墙（桩）体深层水平位移预警	基坑周边荷载较大、基坑超挖、基坑支撑架设不及时、围护结构出现渗漏、基坑底部出现涌水及涌砂、周围有水管线渗漏等
6	水位预警	围护结构出现渗漏、基坑底部出现涌水及涌砂、施工过程中降水、采集初始值时间为枯水期（丰水期）等
7	混凝土支撑轴力预警	基坑超挖以及支撑架设不及时、周边荷载较大、在混凝土支撑强度未达到要求前采集初始值、围护结构出现渗漏、基坑底部出现涌水及涌砂、周围有水管线渗漏等
8	钢支撑轴力预警	基坑超挖以及支撑架设不及时、周边荷载较大、围护结构出现渗漏、基坑底部出现涌水及涌砂、周围有水管线渗漏等
9	土体深层水平位移预警	基坑周边荷载较大、基坑支撑架设不及时、围护结构出现渗漏、基坑底部出现涌水及涌砂、周围有水管线渗漏等
10	建筑物竖向位移预警	基坑周边荷载较大、基坑支撑架设不及时、围护结构出现渗漏、基坑底部出现涌水及涌砂
11	立柱结构竖向位移预警	基坑周边荷载较大、基坑底部隆起、基坑大面积超挖等

盾构法区间监测预警原因汇总　　　　　　　　　　　表 6-10

序号	项目内容	预警原因
1	地表竖向沉降	同步注浆量不足、土仓压力偏小、盾构出土量超设计值、隧道埋深较浅或者浆液配方不合理等
2	地表竖向隆起	同步注浆量较大、土仓压力偏大等
3	管线竖向位移预警	同步注浆量不足、土仓压力偏小、盾构出土量超设计值、隧道埋深较浅或者浆液配方不合理等

续表

序号	项目内容	预警原因
4	拱顶竖向位移预警	管片与土体间隙较大、注浆不均匀等
5	拱底竖向位移预警	管片与土体间隙较大、注浆不均匀等
6	水平收敛预警	管片与土体间隙较大、注浆不均匀等

第五节 消警处理

工程实施过程中,通过相关技术措施与管理手段进行风险处置后,达到消除工程隐患且具备解除预警条件的,可进行消警。工程消警分为监测预警消警、巡视预警消警、综合预警消警三类。综合预警必须消警。

对于应力类监测,当数据小于阈值后系统将自动消警。对于位移类监测,按下列要求降低预警等级。

(1) 对橙色、红色预警,监测值变化速率连续三个监测周期小于50%报警值时,预警等级降低一级;

(2) 对橙色、红色预警,监测值变化速率连续六个监测周期小于50%报警值时,预警等级降低二级;

(3) 红色预警降低后预警等级不得低于黄色。

监测数据预警的消警时间可结合预警处置措施要求及现场情况,按表6-11执行。

监测数据消警时间 表6-11

序号	施工工法	工程特征	消警时间
1	明挖法	单层结构	结构封顶,地表沉降连续21d稳定且收敛
		双层或多层结构	负一层顶板施工完成,地表沉降连续21d稳定且收敛
2	盖挖法	盖挖顺作结构	负一层顶板施工完成,地表沉降连续21d稳定且收敛

续表

序号	施工工法	工程特征	消警时间
2	盖挖法	盖挖逆作结构	结构施工完成,地表沉降连续21d稳定且收敛
3	盾构法	区间主体	盾构通过后,地表沉降收敛,且连续21d平均沉降速率小于0.1mm/d
		联络通道	二衬施工完成后,地表沉降收敛,且连续21d平均沉降速率小于0.1mm/d
		中间风井	结合施工工法参照明挖或盖挖法的消警条件执行
4	特殊工法	—	根据工法特点及结构分析确定消警条件

巡视预警的消警应同时具备以下两个条件：

（1）导致发布巡视预警等级的因素已得到妥善处置；

（2）周边环境、工程自身结构处于安全状态。

综合预警的消警应同时具备以下三个条件：

（1）导致综合预警等级的监测预警已经消除；

（2）导致综合预警等级的巡视预警已经消除；

（3）导致综合预警等级的其他条件已经消除。

附录 A　施工阶段工程风险分级清单

标段	风险名称	风险等级 设计等级	风险等级 施工等级	风险类别	位置、范围	风险描述	主要危害	防范措施	巡查或管理频率描述	是否发生预警	重大风险源是否有综合应急预案及专家评审	总体状态是否可控
1号线南延01标	盾构始发与到达	一级	二级	自身风险	雪浪坪站南端、万达城站东端	1. 雪浪坪站盾构始发，隧道位于⑤₁软流塑粉质黏土、⑤₂精密～中密粉土、⑤₃流塑粉质黏土，其中⑤₂为微承压水层；2. 万达城站盾构到达，隧道位于④粉土层、⑥₁ₐ粉质黏土层，其中④粉土层为微承压水层；3. 盾构端头井周围地层自稳定能力差，盾构进出洞拆除临时封墙时，容易引起土体侧塌及周围地下水涌入	地表出现沉降、变形	1. 设置性能良好的密封止水装置，采用洞圈上设置钢丝绳；2. 加强端头加固施工质量控制，端头井附近设置应急降水井，根据实际情况及时启动应急降水	不少于1次/环或3次/d（取频率高者）	否	有	可控
3号线土建09标	高浪路高架桥	一级	二级	环境风险	高浪路东站	高浪路高架桥桥面为多跨连续梁结构，墩台由单墩和辅墩组成，墩台埋深约4m，桩长60～65m，墩台下采用群桩基础，基坑最近约11.4m，距高架主体基坑0.7～1H内	桩位应移，桥面变形，造成结构安全隐患，影响高架桥通行	局部高架下主体周围护结构采用φ1000@1200钻孔灌注桩+3排高压旋喷止水帷幕，根据监测信息对高架桥基底进行跟踪注浆加固，确保支护结构的安全和高架桥的正常使用	一天一次，如遇监测变形偏大，一天两次	否	有	可控
3号线土建09标	附属基坑	二级	二级	自身风险	新锡路站附属结构	新锡路站附属结构基坑标准段深约9.2m（集水井、扶梯底坑落低约10.7m）	基坑开挖发生变形，漏水、坑底隆起、基至坑底坍塌	采用φ850@600SMW工法桩，二道支撑（局部三道支撑），第一道为混凝土支撑，第二道为钢支撑，止水帷幕隔断4-1层、4-2层微承压水层	一天一次，如遇监测变形偏大，一天两次	否	不需要	可控
3号线土建10标	高架桥	一级	一级	环境风险	2号出入口基坑	机场高架桩基础，2号出入口下穿高架桥，距桩基最近水平距离约为4.35m	地表沉降	制订专项保护方案加强监测，精心施工，做好应急预案	加强日常监测	否	有	可控

续表

标段	风险名称	风险等级 设计等级	风险等级 施工等级	风险类别	位置、范围	风险描述	主要危害	防范措施	巡查或管理频率描述	是否发生预警	重大风险源是否有综合应急预案及专家评审	总体状态是否可控
3号线土建10标	盾构掘进段	一级	一级	环境风险	苏南成品油输送管	DN323同沟双管、钢质、敷设于新梅路北侧地块内，区间双线于湖江路、新梅路路口下穿输油管，最小垂直净距8.5m	地表沉降	需对苏南成品油输送管的施工期间原位保护进行专项方案审查，施工期间采取有效控制措施并加强监测	过程中加强巡视，同时加强监测频次	否	有	可控
	治新梅路高压电力管廊	二级	三级	环境风险	沿新梅路南侧敷设	新梅路电力管廊 DN2400，壁厚240mm 钢筋混凝土结构，新梅区间隧道左、右线下方穿越，结构垂直高差 1.60～7.73m	管线沉降、破损	加强监测，信息化施工，施工参数动态管理	每个工作班巡查监控管理	否	否	可控
3号线土建11标	盾构始发/接收	二级	三级	自身风险	长机区间机场站北端头井	主要穿越④₂粉砂、⑤₁粉质黏土。据地勘资料显示：④₂层粉砂夹砂质粉土、透水性较好，具有微承压性，易明塌变形，稳定性较差，施工过程中易产生涌水涌砂等现象；⑤₁层中高压缩性，扰动后强度降低明显，工程地质性能差	交通事故	一般地段采用地面加固措施对洞门外土体进行加固，加固长度为9m，加固范围为盾构隧道结构外3m，加固采用搅拌桩结合高压旋喷桩地面加固	每个工作班巡查监控管理	否	有	可控
	盾构掘进	二级	三级	自身风险	ZDK39+138.377（YDK39+215.434）～DK42+046.250	区间左线长 2927.2m，右线长 2830.7m，隧道埋深 10.6～22.6m，主要穿越层④₂粉砂、⑤₁粉质黏土、黏土。据地勘资料显示：④₂层粉砂夹砂质粉土、透水性较好，具有微承压性，易明塌变形，稳定性差，施工过程中易产生涌水涌砂等现象；⑤₁层中高压缩性，扰动后强度降低明显，工程地质性能差	交通事故	盾构施工过程中，控制好水土压力，保持工作面压力稳定，尽量减少对地层的扰动，减少沉降，及时进行同步注浆、加强二次补浆，必要时加强地面加固，保证施工安全	每个工作班巡查监控管理	否	有	可控

附录B LEC法风险分级清单

序号	发生地点	风险名称/发生位置	危害因素（《生产过程危险和有害因素分类与代码》GB/T 13861—2009）	危险源	可能发生事故类型（《企业职工伤亡事故分类》GB 6441—1986）	事故发生的可能性	人员暴露于危险环境的频繁程度	事故产生的后果	衍生事故（《企业职工伤亡事故分类》GB 6441—1986）	风险级别	风险管控措施	风险预警	风险处置
1	2号线正线车站	施工计划未与运营对接	其他操作错误	施工计划冲突	其他伤害	很不可能，可以设想	非常罕见	重大事故	触电	二级	施工计划提前与运营对接，运营认可后提报计划	计划冲突	取消计划
2	2号线正线车站	施工未准时请销点	其他操作错误	未及时请销点	触电	很不可能，可以设想	非常罕见	重大事故	触电	二级	当班调度提前半小时电话提醒施工负责人请销点	发生触电现象	听从车站站务安排
3	2号线正线车站	400V开关柜室	违章操作	未按照操作流程作业，短路引起火灾	火灾	很不可能，可以设想	非常罕见	重大事故	火灾	二级	按照操作流程进行作业	发生火灾	停电，灭火
4	2号线正线车站	环控电控柜室	违章操作	未按照操作流程作业，触碰带电设备	触电	很不可能，可以设想	非常罕见	重大事故	触电	二级	按照操作流程进行作业	发生触电现象	停止施工，受伤人员送医救治
5	2号线正线车站	环控电控柜室	违章操作	未按照操作流程作业，短路引起火灾	火灾	很不可能，可以设想	非常罕见	重大事故	火灾	二级	按照操作流程进行作业	发生火灾	停电，灭火

续表

序号	发生地点	风险名称/发生位置	危害因素（《生产过程危险和有害因素分类与代码》GB/T 13861—2009）	危险源	可能发生事故类型（《企业职工伤亡事故分类》GB 6441—1986）	事故发生的可能性	人员暴露于危险环境的频繁程度	事故产生的后果	衍生事故（《企业职工伤亡事故分类》GB 6441—1986）	风险级别	风险管控措施	风险预警	风险处置
6	2号线正线车站	EPS设备间	违章操作	巡检不到位，未发现电池组异常	火灾	可能性小，完全意外	非常罕见	重大事故	火灾	二级	严格按照巡检要求进行巡检	发生火灾	停电、灭火
7	2号线正线车站	配电箱及带电设备	违章操作	维修或检修未断电	触电	很不可能，可以设想	非常罕见	重大事故	触电	二级	严格按照检修规程要求进行巡检及检修	发生触电现象	停止施工，受伤人员送医救治
8	2号线正线车站	配电箱及带电设备	违章操作	巡检不到位导致短路走火	火灾	很不可能，可以设想	非常罕见	重大事故	火灾	二级	严格按照巡检要求进行巡检	发生火灾	停电、灭火
9	2号线正线车站	卷帘门	违章操作	巡检不到位导致掉落	物体打击	很不可能，可以设想	非常罕见	重大事故	物体打击	二级	严格按照巡检要求进行巡检	卷帘门松动	设立警示牌，受伤人员送医救治
10	2号线正线车站	登高作业	违章操作	未按照登高作业流程作业	高处坠落	很不可能，可以设想	非常罕见	需要救护	高处坠落	一级	1. 施工前做好安全交底；2. 穿戴防护用具；3. 持证上岗	1. 未按交底内容执行；2. 未穿戴防护用具；3. 未持证上岗	停止施工，受伤人员送医救治

续表

序号	发生地点	风险名称/发生位置	危害因素(《生产过程危险和有害因素分类与代码》GB/T 13861—2009)	危险源	可能发生事故类型(《企业职工伤亡事故分类》GB 6441—1986)	事故发生的可能性	人员暴露于危险环境的频繁程度	事故产生的后果	衍生事故(《企业职工伤亡事故分类》GB 6441—1986)	风险级别	风险管控措施	风险预警	风险处置
11	2号线正线车站	水泵基坑	违章操作	未按照操作流程作业	触电	很不可能，可以设想	非常罕见	重大事故	触电	二级	按照操作流程进行作业	发生触电现象	停止施工，受伤人员送医救治
12	2号线正线车站	室外排水井	违章操作	未按规定巡视或检修，导致排水口不畅通	透水	很不可能，可以设想	非常罕见	一般事故	透水	一级	严格按照巡检及检修规程要求进行巡检及检修	发生透水现象	通知专业人员进行维修
13	2号线正线车站	消防泵房	违章操作	未按规定巡视或检修，导致消防系统不能正常启用	火灾	很不可能，可以设想	非常罕见	重大事故	火灾	二级	严格按照巡检及检修规程要求进行巡检及检修	发生火灾	通知专业人员手动启动消防泵
14	2号线正线车站	端门内保温棉铝箔	视力负荷超限	巡检不到位导致脱落	车辆伤害	很不可能，可以设想	非常罕见	重大事故	车辆伤害	二级	严格按照巡检要求进行巡检	保温棉松动	通知专业人员进行维修
15	2号线正线车站	轨顶风阀叶片	视力负荷超限	巡检及检修不到位导致掉落	车辆伤害	很不可能，可以设想	非常罕见	重大事故	车辆伤害	二级	严格按照巡检及检修规程要求进行巡检及检修	风叶片松动	通知专业人员进行维修

续表

序号	发生地点	风险名称/发生位置	危害因素(《生产过程危险和有害因素分类与代码》GB/T 13861—2009)	危险源	可能发生事故类型(《企业职工伤亡事故分类》GB 6441—1986)	事故发生的可能性	人员暴露于危险环境的频繁程度	事故产生的后果	衍生事故(《企业职工伤亡事故分类》GB 6441—1986)	风险级别	风险管控措施	风险预警	风险处置
16	2号线正线车站	风亭区域	违章操作	未巡查到防护网损坏或开启，导致人坠落	高处坠落	很不可能，可以设想	非常罕见	重大事故	高处坠落	二级	严格按照巡检要求进行巡检	防护网损坏	在风亭上方设立警示牌，受伤人员送医院救治
17	地铁大厦	电梯	轿厢、层门产生夹伤、惊吓事件	受伤	人员伤亡	很少发生	非常罕见	一般事故	物体打击	三级	贴乘梯安全须知，加强宣贯，提升乘梯安全知识	乘梯安全须知宣贯	减小风险

附录 C 某地铁 3 号线盾构施工筹划图

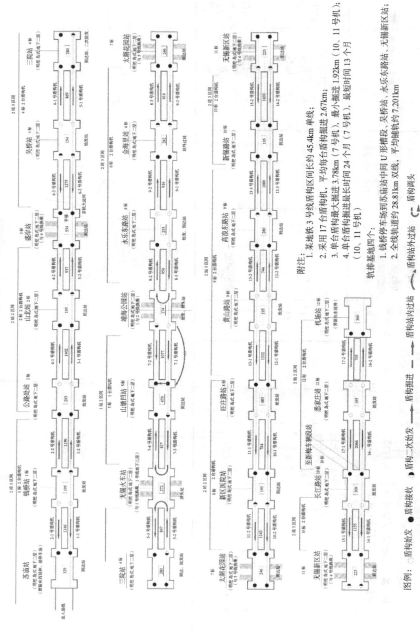

参考文献

[1] 刘国彬，王卫东. 基坑工程手册（第二版）[M]. 北京：中国建筑工业出版社，2009.

[2] 刘学增，王占生，袁聚亮，刘建国. 地铁隧道安全保护与对策 [M]. 上海：同济大学出版社，2018.

[3] 无锡地铁集团有限公司. 轨道交通结构安全保护技术标准指南 [S]. 北京：中国建筑工业出版社，2018.

[4] INSAG（国际核安全咨询组）. Safety Culture[R]. SAFETY SERIES No.75-INSAG-4.